MICRO MAGAZINE

はじめに

毎年、7000頭以上もの競走馬を目指すサラブレッドが誕生している。このうち日本中央競馬会に競走馬として登録されるのはおよそ5000頭。それと同時に、ほぼ同じ数のサラブレッドが登録を抹消される。抹消馬の中には、地方競馬に移籍する馬もいる。しかし、たいていの馬はそのまま競走生活を引退して、「第2の馬生」(セカンドキャリア)を過ごすことになる。

現役時代に優秀な成績を収めたり、成績が振るわなくても血統が優秀な馬は、種牡馬や繁殖牝馬として生きられる。だがそれはほんの一握り。それ以外の馬の処世は、乗馬になったり、伝統行事で活躍したり、農耕のお手伝いをしたりなど多岐にわたる。ただ次の受け入れ先が見つかることは幸運で、引退後(あるいはセカンドキャリア後)に行方がわからなくなる馬も数多く存在している。

引退競走馬の余生については、競馬という経済活動の枠組みの中でずっと問われ続けてきた問題である。その厳しい現実と向き合い、あたう限り多くの引退競走馬を生かしたいとの信念で活動を続けている団体や牧場関係者、個人の方たちがいる一方、競馬界も重い腰を上げ、引退競走馬のさまざまな課題に取り組む意志を

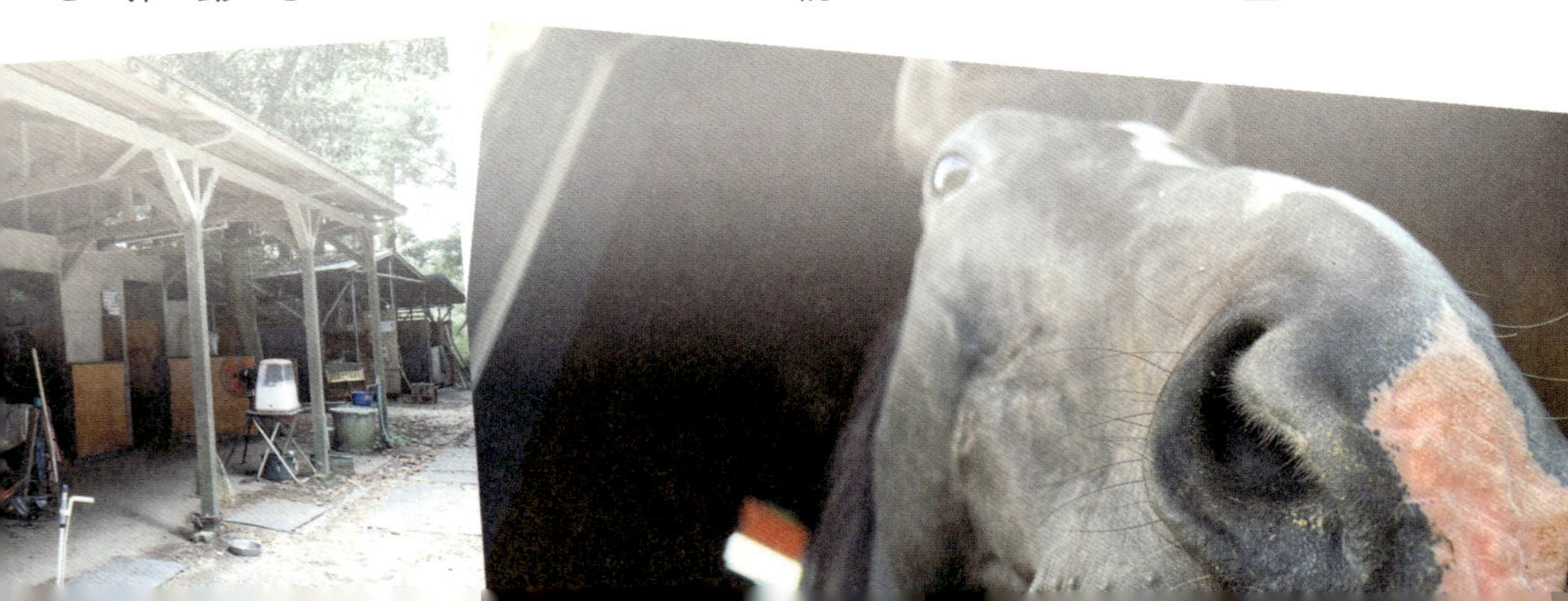

表明。日本中央競馬会を中心に、引退競走馬の支援活動の専門団体を設立するに至った。とはいえ、引退競走馬の飼養にかかる多大な経済的負担を考えれば、すべての馬に寄り添うことは不可能である。それでも新たなキャリアを送ったり、穏やかに暮らせる場所を少しでも増やし、1頭でも多くの馬が天寿を全うできるようにするのは、産み出した人たちの責任でもある。

本書では、かつてレースを沸かせたサラブレッド28頭の現在をそれぞれの関係者に取材し、現役時とはまた違った素顔やエピソードを紹介している。さらに引退馬支援に力を注ぐ競馬関係者へのインタビューも掲載した。取材中には当事者しか知らないような話や新たな情報をたくさん聞けたが、一連の取材を通して感じられたのは、すべての関係者が相当の責任と覚悟を持って馬と向き合っているということ。本書で紹介している馬たちは、競走馬生活を引退後、さまざまな役割を与えられ、あるいは功労馬として悠々自適な馬生を送っている(送った)、いわば恵まれた馬たちだ。本書でそのキャリアの新たな1ページを知ってもらうと同時に、ひとりでも多くの人に、引退競走馬の行く末について関心を持っていただければ幸いである。

マイクロマガジン引退馬取材班一同

和田竜二騎手

引退競走馬の今を多くの人に知ってもらいたい

引退した競走馬をどう支援できるのか。ＪＲＡ騎手としての本業のかたわら、引退競走馬たちの現状を多くの人たちに知ってもらおうと、自身で動画を撮影し、そのセカンドキャリアや余生を紹介する活動をしている和田竜二騎手に、引退馬支援を取り巻く現状や課題、今後の展望などを聞いてみた。

聞き手・文／不破由妃子
撮影／桂伸也　写真提供／株式会社 Risy.

日本は引退競走馬の宣伝機会が足りない

——2022年11月に『和田竜二の引退競走馬を追う!!』というYouTubeチャンネルを開設されました。お忙しい中、幾度も牧場に足を運ばれて引退馬たちの現在の様子を伝えていらっしゃいますが、まずはご自身のチャンネルを立ち上げたきっかけを教えてください。

和田　JRAが2017年に発足させた「引退競走馬に関する検討委員会」(以下、検討委員会)に僕も途中から参加しまして。検討委員会は、農林水産省、中央競馬(馬主、調教師、騎手)、地方競馬(各主催者)、生産者の代表者で構成されていて、さまざまな協議が行われている委員会なのですが、何度か会議に出るうちに、僕らにできることといったら、宣伝活動くらいしかないなと思うようになりまして。

——検討委員会の存在自体、周知されていませんものね。

和田　そうですね。2024年、新たに「一般財団法人 Thoroughbred Aftercare and Welfare(略称:TAW)」という外郭団体ができて、引退競走馬の養老・余生などを支援する事業に関してはそこが窓口になるなど、体制自体は整ってきているのですが、引退馬支援の裾野を広げるためには場所も必要だし、何より人が必要ですよね。でも、そういった課題は、会議の場では解決できません。先ほどおっしゃったように、検討委員会やTAWの存在も周知されていないから、まずは僕自身ができることとして、広く知ってもらうことから始めようと思ったんです。

——なるほど。YouTubeであれば、全世界に発信できる。

和田　JRAサイドに「こういう活動をやりたいのですが」と相談したら、「是非やってください」ということで。それで始めることにしました。

——検討委員会に進んで参加するように

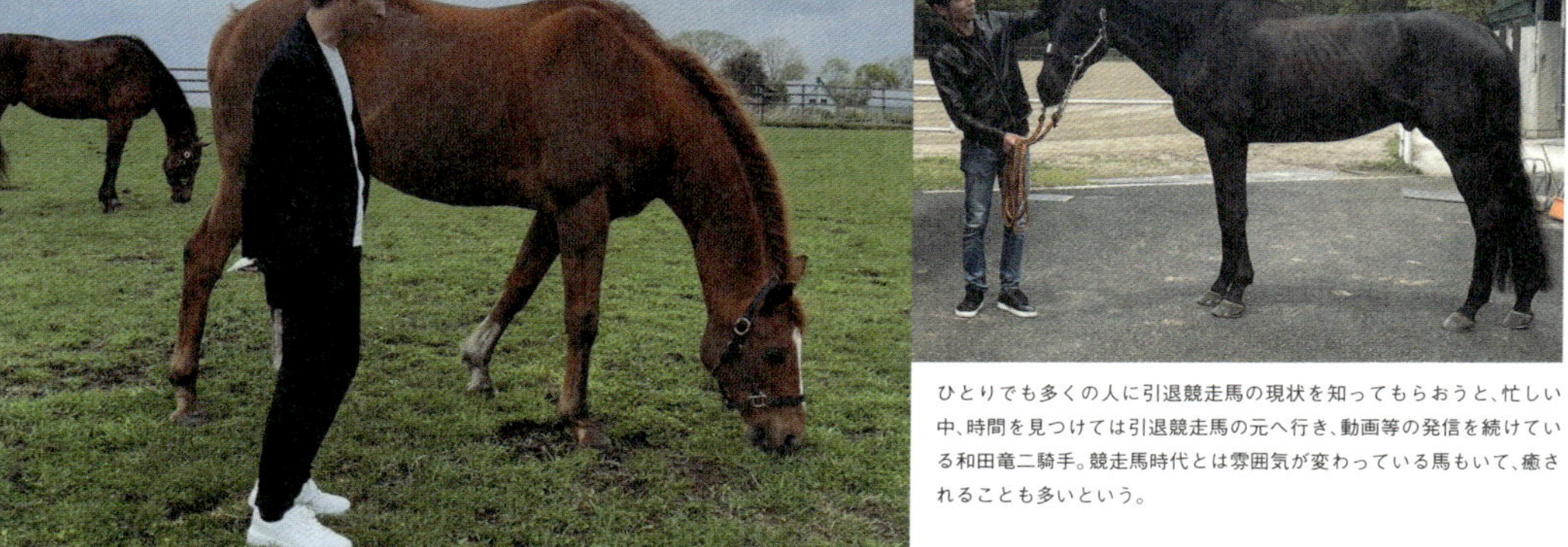

ひとりでも多くの人に引退競走馬の現状を知ってもらおうと、忙しい中、時間を見つけては引退競走馬の元へ行き、動画等の発信を続けている和田竜二騎手。競走馬時代とは雰囲気が変わっている馬もいて、癒されることも多いという。

なったということは、引退競走馬支援についで以前から問題意識を持ってらっしゃった？

和田　角居（勝彦）先生がそういった活動をされているのを見て、「何かお手伝いできることがあれば」という思いでイベントなどには参加させていただいていましたけどね。本当にお手伝い程度です。

現実的なことをいえば、僕らジョッキーが参加することで、やっぱり人は集まりますから。その半面、何か取り決めができるような、そんなアイデアは持ち合わせていない。本当に宣伝活動しかできないので。

——「宣伝活動しか」とおっしゃいますが、メイショウドトウに会いにいった動画は114万回も再生されています（2024年7月末時点）。影響は小さくないかと。

和田　有名な馬は、それだけファンも多いですからね。引退してからも応援してくれる方が多いし。

——和田さんが騎乗歴のある馬もたびたび登場していますが、馬たちの様子はどうでしたか？

和田　競走馬時代とは全然雰囲気が違う馬もたくさんいて。現役のころはカリカリしていた馬が、おっとりした雰囲気になっていて、すごく癒されました。やっぱり乗馬になると変わりますね。

——そういう様子を伝えるだけでも、十分な宣伝になりますね。和田さんの動画をきっかけに、「会いにいってみようかな」と思うファンもいるかもしれませんし。

和田　だといいんですけどね。それほどくわしいわけではないのですが、アメリカの競馬番組を観ていると、乗馬関係やウェルフェア（福祉）や引退競走馬の施設などのCMがバンバン流れている。そういうのからすると、日本はやっぱり絶対的な宣伝機会が足りていないなと思いますね。

馬のために人が犠牲になっては活動は広がらない

——実際、和田さんはいろいろな牧場や施設に出向かれて、ご自身の目と耳で現場を取材されています。現在の引退競走馬を取り巻く環境について、どんな感想を持ちましたか？

和田　ビジネスとして成立しているところもありますし、逆に本当に少人数で、建物なども古いまま踏ん張っている牧場もあります。そういう現実を目の当たりにすると、馬の面倒を見ている人たちの生活はちゃんと成り立っているのか、そこはちょっと心配になるところはありました。働いている人たちが満足できる生活ができているのかどうか。

——この本の取材を通して感じたのですが、実際〝人材の確保〟が一番の課題だったりしますよね。広大な放牧地を得られたとしても、そこで馬のお世話をする人たちがいなければ成り立ちませんから。

和田　そうなんですよね。すごく難しい問題で、動物が好きという気持ちだけではやっていけないし、かといって資金が潤沢にあれば解決するというものでもない。引退競走馬のお世話にやりがいや幸せを見い出せる人たちがどれだけいて、その働きに対して相応の賃金を保証できるか。馬たちに幸せな余生を送ってほしいという願いはありますけど、そのために人が犠牲になるようでは、この活動は広がっていきませんからね。

——先ほど、ビジネスとして成立しているところもあるとおっしゃっていましたが、やはりその筆頭は、アドマイヤジャパンの動画がバズりにバズったＹｏｇｉｂｏヴェルサイユリゾートファームでしょうか。

和田　あそこはすごいですよね。ちゃんとビジネスになっている。僕がお邪魔した時も、本当に引っ切りなしにお客さんが来ていました。

——宿泊施設が併設されているというのも斬新ですよね。

和田　そうですね。僕が行った時にちょうど新しい馬房を造っていて、「こんな馬房、見たことない！」というくらい豪華で、まるで馬のホテルのような仕様でした。あれは見学し甲斐があるし、有名なＧＩ馬の他にも繁殖牝馬や種牡馬がい

和田竜二（わだ・りゅうじ）

1977年6月23日生まれ。滋賀県出身。1996年に栗東・岩元市三厩舎の所属騎手でデビュー。1999年の皐月賞でＧⅠ初制覇を飾る。2022年に現役では11人目の中央通算1400勝を達成。現在は日本騎手クラブ副会長と関西支部長を兼任。また、JRAの引退競走馬に関する検討委員会の委員としても活動しており、YouTubeチャンネル『和田竜二の引退競走馬を追う!!』を開設。引退馬の支援活動も積極的に行っている。

て、いろいろな事業を展開している。観光業としても成り立っていますよね。

少し先の話になりますが、栗東にも馬のテーマパークのような施設ができるんですよ。栗東市長や角居先生などが力を入れている事業で、何年後かに完成する予定だと聞きました（2030年度の開業を目指して進行中）。

――それはいいですね！　トレセンがある自治体ならでは。

和田　ですよね。せっかくトレセンがあるんだから、もっともっと「馬の町」にしていってもいいと思うんです。そういえば、ホースセラピーや乗馬体験など、数多くの引退競走馬のセカンドキャリアを切り開いてきたTCCさんも、滋賀県の高島市で「TCC メタセコイアと馬の森」という観光業を始めたそうですよ。曳き馬ができたり、餌やり体験ができたり、馬車に乗れたり。まだプレオープンの段階（2024年11月末にグランドオープン予定）みたいですが、けっこう順調らしいです。

――TCCさんといえば、だいぶ前から引退競走馬のセカンドキャリア、サードキャリアの拠点として、さまざまな活動をなさってきましたが、本格的に観光業もスタートされたんですね。

和田　今はその活動がだいぶ浸透してきましたが、最初はなかなか話を聞いてもらえなかったり、大変だったそうですよ。最近は乗馬界の人たちも受け入れてくれるようになって、だいぶ横のつながりが出てきたと話していましたけどね。

それに、先ほどの観光業がビジネスとして成り立ったら、一般の人にとってもっと馬が身近になりますから、引退馬支援の裾野も広がると思うんです。実際、ホースセラピーも効果があると聞きますし、子どもたちにとっても動物とふれあうのはいいことだと思いますから。

まだまだ未来は見えないけれど、いろんな可能性があります。見えないからこそ、チャレンジできるともいえますしね。何もしなければ、確実に衰退していくだけですから。

ひとりでも支援したいと思ってくれたら……

——和田さんは、いずれ調教師を目指すとのことですが、調教師になっても活動は続けていく？

和田　調教師になると、より身近な問題になりますからね。ただ、僕自身にそのキャパがあるかどうか……。なってみないとわかりませんが、そこまで頭が回らないかもしれない（苦笑）。ただ、僕はトレセン育ちでもありますし、馬にここまで大きくしてもらったのは間違いないことですから、恩返しをしたいという気持ちは常にあります。競馬界に身を置く以上、責任はあると思っていますよ。

——YouTubeでチャンネルを開設されて1年9カ月が経ちましたが、その活動について、どんな手応えを感じていらっしゃいますか？

和田　手応えなんて大層なものはないです。今までもこれからも、僕はただただ盛り上げるだけ（笑）。ただ、コメントを見ていると、「初めて知りました」とか「勉強になりました」という方がたくさんいて、中には僕のチャンネルをきっかけに「乗馬を始めました」という方もいるんです。そこから引退競走馬事業をしている団体の会員になって、出資するようになったという方も。

そういうのを見るとね、草の根運動じゃないですけど、やった意味があったかなって。何より前向きに捉えてくれる方がたくさんいるのがわかって、それがモチベーションになっています。

あとは、乗馬界の人が僕の活動をすごく喜んでくれているのがうれしいです。

とにかく〝引退競走馬の今〟を多くの人に知ってもらうのが先決で、あとはそれを知ったみなさんがどう思うか。その中で、ひとりでも「支援したい」という気持ちが芽生えた人がいたら、意義が生まれるかなと思っています。

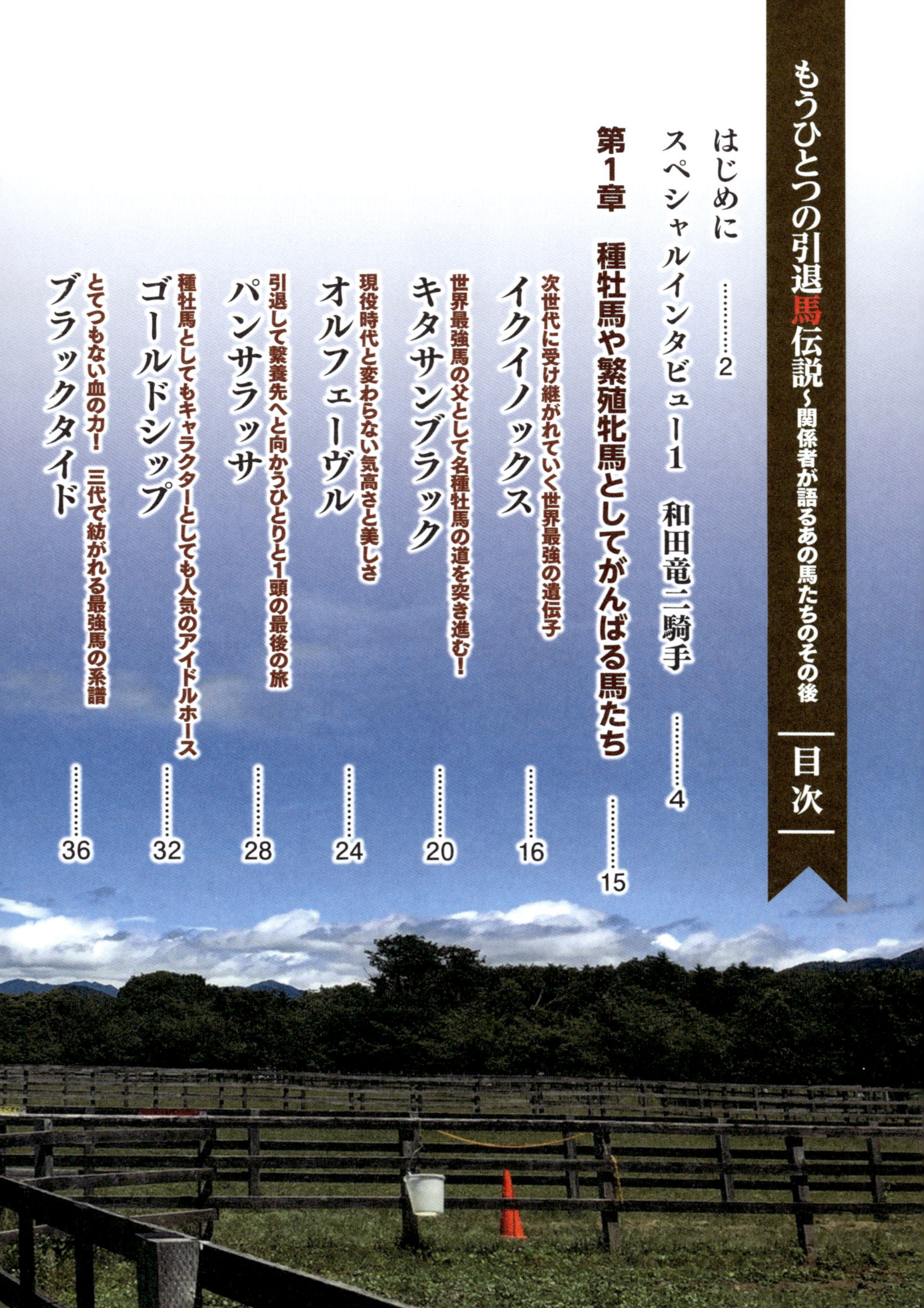

もうひとつの引退馬伝説～関係者が語るあの馬たちのその後

目次

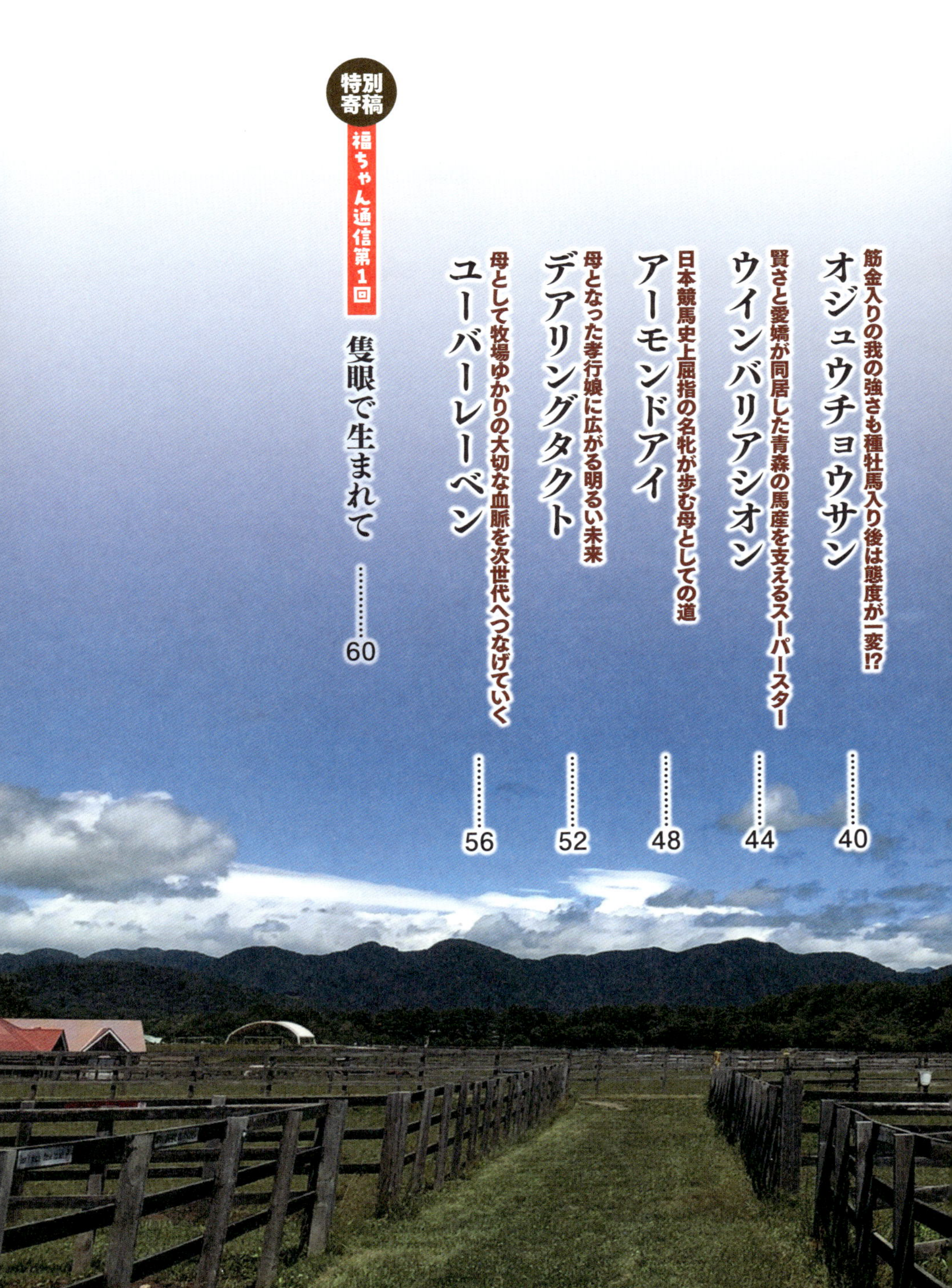

第2章　新たな働き口を見つけた馬たち……61

第3章　功労馬として余生を過ごしている馬たち

・本書の記事内容において、取材した存命馬の馬齢や健康状況などの情報は、2024年7月31日時点のものです。その後に状況が変化することもございますので、あらかじめご了承ください。

第1章
種牡馬や繁殖牝馬としてがんばる馬たち

イクイノックス
キタサンブラック
オルフェーヴル
パンサラッサ
ゴールドシップ
ブラックタイド
オジュウチョウサン
ウインバリアシオン
アーモンドアイ
デアリングタクト
ユーバーレーベン

イクイノックス

次世代に受け継がれていく世界最強の遺伝子

文／緒方きしん

種牡馬になっても賢さは変わらず。牝馬や周囲の人を困らせないというイクイノックス。

写真／福田淳司

父親によく似て種付けがスムーズ

GⅠを6勝した名馬イクイノックスは現在、社台スタリオンステーションで種牡馬として新たな挑戦を開始している。歴史的な名馬の初年度種付けに、200頭を超える牝馬が集まった。幾度となくニュースで取り上げられるイクイノックスの動向は、生産界だけでなく一般の競馬ファンも強い関心を寄せている。

「現役時代のイメージ通り、手のかからない馬ですね。人に噛みついたり攻撃的なこともありません。たまに威嚇しようとしても手綱をちょっと噛む程度。とてもおとなしくて環境への順応性も高いタイプです」

社台スタリオンステーションでイクイノックスを担当する上村大輝さん。上村さんは、イクイノックスの賢さだけでなく身体の強靭さも強調する。種牡馬初年度から多くの繁殖牝馬を集め、1日複数回の種付けが続く忙しい日々を過ごしたイクイノックスだが、疲れた様子は見られないという。

「種付けがスムーズな点は、父親のキタサンブラックとそっくりです。種牡馬にも血統や性格によって、時間をかけたり牝馬を警戒したりといろいろな種付けスタイルがあります。イクイノックスの場合は父に似て体力もあるし、種付けにも前向き。競走馬としてだけでなく、種牡馬としてかなりの優等生ですね」

種付けが近づくと立ち上がったりジャンプしたりと激しく動き、テンションの高さを見せるものの、役目が終わるとすぐに落ち着きを取り戻すというイクイノックス。牝馬や周囲の人を困らせない振る舞いで、エリートだった競走馬時代のイメージを損なわない種牡馬ぶりだ。その優等生な性格は、普段の生活でも発揮される。

引退レースとなった2023年のジャパンカップ。強力なメンバーは揃ったが4馬身差の圧勝。世界最強馬たる実力を存分に見せつけた。

写真／宮原政典

プロフィール

生年月日	2019年3月23日生まれ
性別	牡馬
毛色	青鹿毛
父	キタサンブラック
母	シャトーブランシュ（母父：キングヘイロー）
現役時調教師	木村哲也
現役時馬主	シルクレーシング
戦歴	10戦8勝（海外1戦1勝）
主な勝ち鞍	天皇賞・秋（2回）、有馬記念、宝塚記念、ジャパンC、ドバイシーマクラシック
生産牧場	ノーザンファーム（安平）
現在の繋養先	社台スタリオンステーション（安平）

現在までの軌跡

2021年8月にデビュー。3歳春は皐月賞・日本ダービーともに2着に惜敗するが、同年秋に天皇賞・秋と有馬記念を勝利し、年度代表馬に輝く。古馬初戦のドバイシーマクラシックを勝ち、帰国後も宝塚記念、天皇賞・秋、ジャパンCを3連勝し、そのまま4歳で競走馬を引退した。引退後は社台スタリオンステーションにスタッドイン。2024年度から種牡馬として供用されている。

「とても綺麗好きですね！　馬房にいる時もいつも同じ場所で休みますし、ボロをするのも決まった場所。脚がボロで汚れているということがなくて、センサーがついているのかなと思うほどです（笑）」

穏やかな性格のイクイノックスは、周囲をあまり気にしないタイプのよう。放牧の際はグレナディアガーズやダノンキングリーという活発なタイプの馬が両隣にいるが、何事にも動じないイクイノックスとの関係は良好のようだ。

「手入れの際などにも我々を快く受け入れてくれる、扱いやすい馬です。種付け時の負荷を考慮して週に一度か二度ほど背腰のマッサージをしているのですが、その時はすごく気持ちよさそうにかわいい表情を見せてくれますよ」

現在は馬体重を556キロから558キロの範囲でキープしている。ただ、これは周囲が調整した結果というわけではない。馬体重の調整は本来であれば難しいポイントでもあるが、イクイノックスの場合スタッフが意識せずともまるで自分自身で適正体重を理解しているかのように、その2キロの範囲に留めている。

「大盛況の種付けシーズンを過ごしても馬体が減らないのは頼もしいです。少食傾向にあるキタサンブラックとは違って食欲は旺盛。出された分は全部食べているので、馬体重が増えていないのは運動でしょうね。実はイクイノックスは、放牧地に行くといきなりすごい速さで走るんです。見ていて『転ばないかな!?』と怖くなるほどの全力疾走で放牧地ぎりぎりいっぱいを1～2周ほどすると、急に止まってのんびりし始めて……。最初は驚いたのですが、放牧地に出すと雨の日でも雪の日でも必ずやるので、ルーティンだと割り切って見守るようにしています。

自分で適正体重を理解しているかのように、馬体重は一定の範囲で変わらないというイクイノックス。

写真／福田淳司

実際、体調は万全なので、あの全力疾走には効果があるのでしょう」

種牡馬としての熾烈なポジション争いが始まる

現在24歳の上村さん。18歳から社台スタリオンステーションに勤めてきたホープだが、イクイノックスの担当になると聞いた時はさすがに緊張が走ったという。

「辞令があったのは11月のことでした。GI勝利数だけでも並大抵の馬ではないので『責任重大だな』と。すぐに木村厩舎のスタッフと連絡を取り合い、イクイノックスに関する情報を収集しました」

イクイノックスが入厩したのは12月18日。各関係者にお披露目となる種牡馬展示会までおよそ2カ月という時期である。まずは無事に当日を迎えることを目標に逆算し、スケジュールを組み立てていった。

「社台スタリオンステーションに来てすぐに種付けの練習を始めるわけではありません。引退したばかりのイクイノックスの馬体は、まだ種牡馬のそれではなく完全に競走馬です。お父さんのキタサンブラックの引退したころに似た薄い馬体でしたので、種牡馬らしく体重を増やさなくてはいけませんでした。ジャパンカップの疲れもかなり残っている状態だったので、12月いっぱいは静養させてケアに充てることにしました」

新種牡馬にとって、社台スタリオンステーションは一度も訪れたことのない場所。まずは新しい環境に慣れさせる必要がある。ただ、イクイノックスに関しては、その点の苦労はなかったという。

「イクイノックスの場合、来てすぐに落ち着きましたね。馬房に入っても気にすることなく堂々とした様子で貫禄がありました。さすがに世界レベルの馬だな、と感心しました。ただ、餌だけはトレセンで食べていた飼料から、当牧場オリジナルの配合飼料に変わったので、最初は警戒していました。今は大丈夫ですが、慣れるまでは割と好き嫌いがありました

放牧地に出すと、いきなり見ている周りの人が心配になるほどの全力疾走をするという。

写真／福田淳司

ね」

新しい食事に慣れてからはトモや肩回りの厚みが増して、イクイノックスも種牡馬らしいシルエットに近づいた。1月に入ると休養を終えて軽い運動や放牧を開始。さらには展示会場を歩いて慣らしをしたりと、やることは盛りだくさんだったが、もともとが従順な気性のため苦戦することなくこなしていった。1月には初めての種付けも経験したが、こちらも問題なし。順調にキャリアを重ねた。

「種牡馬展示会に関しては、気性面の心配はなかったのですが、動きが俊敏で瞬発的に動くタイプなので、直前は『何かに驚いた時に放馬したらどうしよう』と考えていました。ただそれも杞憂で、本番もしっかりやり遂げてくれました」

種付けシーズンになると、アーモンドアイなど数々の名牝がやってきたが、そこは気にせず仕事に集中した上村さん。次第にイクイノックスにも慣れて、他の馬と同様に扱えるようになった。

「本当に多くの名牝・名繁殖が集まりました。元気な産駒が生まれてきてくれたらうれしいですね。無事に多くの産駒がデビューして、その中からGI馬や世界に羽ばたく名馬が出てきてくれたら最高です。まずは種牡馬としての熾烈なポジション争いに負けないように、初年度産駒の活躍に注目しています。種牡馬初年度は、ケガなく無事にシーズンを送れたのは大きいです。このまま順調に進めていきたいですね。この馬と一緒に、私も成長していけたらと思っています！」

馬体や性格など父譲りの特徴が多いイクイノックスだが、爪の雰囲気もキタサンブラックの種牡馬1・2年目のころに似ている。時間をかけつつ種牡馬向けに爪を育てていく必要がありそうだ。名門スタリオンの未来を担うホープとして、人馬共にさらなる進化が期待される。

イクイノックスの現在は？

- 社台スタリオンステーションで種牡馬生活を送っている
- 体力もあって種付けに前向き
- 放牧地に出すと全力疾走

産駒の実績を見ても、種牡馬としてのポテンシャルは計り知れないものがあるキタサンブラック。

写真／福田淳司

世界最強馬の父として名種牡馬の道を突き進む！

キタサンブラック

文／緒方きしん

意外なところから脚が飛んでくる!?

歴史的名馬イクイノックスをはじめ、皐月賞馬ソールオリエンス、万能型の実力派ガイアフォース、ダートではウィルソンテソーロなど、多彩な活躍馬を送り出している名種牡馬キタサンブラック。2021年には300万円だった種付料も2024年には2000万円に跳ね上がり、国内外から高い注目を集めている。

「実際に間近で見ている我々からしても、今の活躍は納得といえるようなポテンシャルを持っている馬です。名馬が多いうちの中でもトップクラスの柔軟性がありますね。ジャンプ力もありますし、飛び蹴りもしますよ(笑)。これまでの常識であれば絶対に大丈夫な位置に立っていても、見えないような有り得ないところからキックが飛んでくるんです」

社台スタリオンステーションでキタサンブラックを担当する松田輝也さんは、その柔軟性に驚かされているひとりだ。曳く際に前脚の付近を歩いていても、位置的には遠いはずの後脚で蹴られることがあるそうで、注意を張り巡らせながらの作業となる。

「噛み癖もあるので、そのあたりは気をつけています。首も柔らかいので、常識では考えられないような角度からも噛めてしまうんですよね。人を傷つけるために強く噛んでくるというわけではなく、あくまでこちらの反応をうかがうような小さな噛みつきなんですが、それに対して人が痛がったり驚いたりすると怒ってしまいます。ですので、そうした痛みに対して反射的に反応しないよう、常日頃から細心の注意を払っています」

人に洗ってもらうのが大好きというキタサンブラックは、他の作業時間と違って洗ってもらっている間は噛むことはない。人の手を唇で挟んだりしながらご機

類まれな心肺機能と見事にパンプアップされた究極の馬体、どんな条件でもへこたれない強い精神力で、中長距離ＧⅠ7勝を挙げた。

写真／宮原政典

プロフィール

生年月日	2012年3月10日生まれ
性別	牡馬
毛色	鹿毛
父	ブラックタイド
母	シュガーハート（母父：サクラバクシンオー）
現役時調教師	清水久嗣
現役時馬主	大野商事
戦歴	20戦12勝
主な勝ち鞍	菊花賞、天皇賞・春（2回）、天皇賞・秋、ジャパンC、有馬記念、大阪杯
生産牧場	ヤナガワ牧場（日高）
現在の繋養先	社台スタリオンステーション（安平）

現在までの軌跡

2015年1月デビュー。皐月賞で3着に好走後、日本ダービーは惨敗したものの、秋に菊花賞を優勝。4歳時は天皇賞・春とジャパンCを制覇。5歳時は大阪杯の優勝に続き、天皇賞・春を連覇。秋は天皇賞・秋と有馬記念を制覇し、2年連続の年度代表馬に選出され、2020年には殿堂入りを果たす。2018年より種牡馬として供用され、イクイノックスをはじめ、多くの活躍馬を輩出している。

嫌な顔をしていて、とくにたてがみをシャンプーされていると、すぐにトロンとするそうだ。

「おっとりしながらこちらを見てきたりうれしそうにしているので、こちらもうれしくなってシャンプーは入念にしますね。尻尾なども揉み込むようにして洗っていいます(笑)。表情がとてもかわいらしく、洗っている最中は癒しの時間です」

噛み癖などイタズラっぽい一面を持つキタサンブラックだが、それはあくまで人とのコミュニケーションの範囲でのこと。種付けの際はしっかりと上手にこなす優等生として頼りにされている。

「ここ数年は人気が急上昇しているので忙しくしているのですが、種付けシーズンの最初から最後まで疲れを見せずやり遂げてくれます。性格も前向きで体力もあって賢くて、本当に優秀な馬です。食欲はあまりないかわりに睡眠欲が強いタイプで、種付けがピークの時期になると、種付けの前後はずっと寝ていますね。それでも(種付けの際に使う)ヘルメットを持って近づくと『おっと、種付けの時間か』というようにスッと起き上がり、種付けが終わるとすぐにスイッチがオフになります。そうした気性面のコントロールがとても上手です」

キタサンブラックは種付けのオフシーズンに突入すると、ちょうど夏バテの時期と重なり、おとなしくなるという。元気を取り戻すのは、秋口で涼しくなって

種付けのオフシーズンになると夏バテ気味になるという。雄大な馬格を持ちながら食が細いというのは意外だ。

写真／福田淳司

から。活発な時期は放牧地で元気よく走り回るタイプのため、運動の刺激で爪が減らないように管理は欠かせない。精神面では、育成厩舎から響くいななきを気にするため、なるべく早く馬房に戻すなど工夫を重ねている。こうした工夫も、これまでの研究と試行錯誤によるもの。社台スタリオンに到着したころは、まだ手探りの日々だったという。

人の言葉や意図を汲んでくれる賢さ

「社台スタリオンに到着したばかりのころはおとなしかったですね。順応性が高いタイプで、種牡馬としての仕事を教えるにあたっても基本的に苦労はしませんでした。展示会の時にスピーカーを気にしたくらいでしょうか。課題だったのは、食の細さと爪の薄さでした」

　食事の好みを知るのに苦労した、と振り返る松田さん。キタサンブラックは食事に集中するタイプではないため、一度何かに気を取られると再び口をつけるまで時間がかかる。馬体が減りやすい傾向があり、たくさん食べさせたいため、気を散らさせないよう苦心した。キタサンブラックが好む食べ物を見つけて、食事への欲求を高めるのは急務だった。

「いろいろと試した末、乾燥飼料よりも発酵飼料の方が好きなことがわかって、劇的に状態が改善しました。今では600キロ前後の馬体重を維持できています。最近は種付けシーズンが近くなると自分で身体を作るようになっていて、筋肉のパンプアップがすごいです！　あまりの筋肉量で、股下のあたりを洗う際に股の内側から手が届かないほど。オフシーズンは勝手に筋肉を減らすので、内側から手が届くようになります（笑）」

　また、爪の薄さについては装蹄師をはじめとしたスタッフの努力の甲斐あって、年々種牡馬らしい厚みのある爪となってきている。当初は種付けシーズンの中盤から後脚に蹄鉄をつけて爪の保護をしていたが、今では必要ないという。最初の3年が鍵とされている爪の成長において、順調に課題をクリアし、日に日に逞しさを増している。筋肉のつき方も以前とは異なり、後脚が強化されたそうだ。これは種付け時に二本脚でいる時間があるためだが、歩いているところを背後から見ていると、以前とはまったく異なる逞しい後脚になっているという。

「非常に賢い馬で、こちらの意図を汲んでくれます。あまりに賢いので今年から指示の際に言葉を3パターンほど使ってみたら、ちゃんと伝わるようになったんです。昨年までは手綱だけでコントロールしていたのですが、おとなしい馬とはいえ、種付け前の興奮状態だとさすがにチャカつくところがありました。しかし今では『待て、まだ』といえば、牝馬が目の前にいても言葉ひとつで待ってくれるんです。まさかここまでうまくいくとは……改めて賢さに驚かされました」

キタサンブラックは、ファンサービス精神も旺盛だ。カメラが来るとポーズを取るなど、人間への理解も深い。ファンが近づいてきた時も愛想良く付き合うという。

「雰囲気で、お客さんかスタッフかを判断しているんでしょうね。お客さんが馬房の前で騒いでいても気にするそぶりをまったく見せません。子どもが目の前で走り回っても怒らずに我慢しています。スタッフが急に動いたりするとすぐに怒るのに、面白いですよね。これも頭が良い証拠のひとつだと思います」

キタサンブラックの馬房には、たくさんのお守りが飾られている。これらはすべて、ファンから送られてきたものだ。

松田さんは

「人に愛され、やさしくされてきた馬なんだな、と感じます。だからこそ、こうしてファンにやさしく振る舞えるのでしょう」

と顔を綻ばせる。キタサンブラックはこれからも多くのファンに愛され、見守られながら、息子のイクイノックスと共に日本競馬界の未来を担っていく。

放牧地を颯爽と駆けるキタサンブラック。その馬体の迫力は現役さながら。柔軟で強い筋肉だというのが見た目にも伝わってくる。

写真／福田淳司

キタサンブラックの現在は？

- 社台スタリオンステーションで種牡馬生活を送っている
- トップクラスの柔軟性を持っている
- 種付けは優等生 シーズン前に自分で身体を作り上げる

現役時代とまったく変わらぬ、金色に輝く美しい馬体のオルフェーヴル。

写真／福田淳司

現役時代と変わらない気高さと美しさ

オルフェーヴル

文／福嶌弘

人を観察して順位づけする

「まるで昔、ヤンチャしていたって感じのパパだなぁ」――現在オルフェーヴルを担当している社台スタリオンステーションの上村大輝さんが教えてくれた同馬の近況を聞いて、思わずそんな印象を抱いた。

上村さんがオルフェーヴルを担当するようになったのは今から3～4年前。種牡馬として5～6年ほどのキャリアを積んだ時期だった。現役時代はその強さと共に激しい気性で知られた馬だっただけに、最初の印象は「怖かった」という上村さんだが、すぐにあることに気づいたという。

「気性がうるさいというよりも、ちょっと人見知りみたいなところがあって。人に順番をつけるところもあるんです。自分よりも位が上と感じた人には従順で言うことを聞くし、反対に自分よりも位が下と感じたスタッフには、イタズラとして曳き運動の時にわざと立ち上がったりして」

まるで犬の順位づけのようなエピソードが飛び出したが、つまり、賢いオルフェーヴルは「誰が一番世話をしてくれるか」をじっくりと見ているのだ。そのため、同馬とは毎日のコミュニケーションがとても大切で、信頼されるようになると言うことをちゃんと聞いてくれるようになったという。

そんなオルフェーヴルの現在の役割は走る馬を出すことだ。実際、初年度産駒からGI4勝のラッキーライラック、近年でもドバイWCを制したウシュバテソーローといった活躍馬を輩出する人気種牡馬だけに、種付けシーズンともなると多くの繁殖牝馬がやってくる。しかし、やや小さめの馬体のため、種付け時にはこんなエピソードがあるという。

引退レースとなった2013年の有馬記念は8馬身差の圧勝。その強さをいかんなく発揮して最後を締めくくった。

写真／宮原政典

プロフィール

生年月日	2008年5月14日生まれ
性別	牡馬
毛色	栗毛
父	ステイゴールド
母	オリエンタルアート（母父：メジロマックイーン）
現役時調教師	池江泰寿
現役時馬主	サンデーレーシング
戦歴	21戦12勝（海外4戦2勝）
主な勝ち鞍	皐月賞、日本ダービー、菊花賞、有馬記念（2回）、宝塚記念
生産牧場	社台コーポレーション白老ファーム（白老）
現在の繋養先	社台スタリオンステーション（安平）

現在までの軌跡

2010年8月にデビュー。皐月賞、日本ダービーを圧倒的な強さで連勝すると、秋には菊花賞も圧勝して三冠達成。年末には有馬記念も制して年度代表馬に輝く。4歳時の凱旋門賞挑戦では勝ちに等しい2着と、5歳で引退するまで誰もが認める最強馬としてターフに君臨した。引退後は2014年から社台スタリオンステーションで種牡馬として供用されている。

「比較的大きな繁殖牝馬がやってくることが多いので、サイズを合わせるために畳を下に敷くんです。通常だと1枚ですが、馬体の小さいオルフェーヴルは2枚必要になります。ただ畳の枚数が増えるとバランスが取りづらく、体勢を保つためにスタッフもたくさん必要になるので苦労します。でもオルフェーヴルは身体能力が高いので、後ろ脚でしっかりと立って踏ん張れるんです。そのたびに『バランスのいい馬だな』と感心しますよ」

オルフェーヴルは身体能力の高さに加えて四肢のバランスも非常に良いという。それは蹄に表れている。種牡馬は種付け時に蹄がすり減ってしまう。オルフェーヴルもまた例外ではないが、そのすり減り方が4本共に均一なのだ。これは日ごろの動きのバランスの良さの賜物で、削蹄などをする必要があまりないという。なので放牧地に出すと音を立てず、上村さん曰く「まるで忍者のよう」に、サッサッサという感じで歩いてくる。現役時代のオルフェーヴルといえば、1歩の踏み込みの強さに定評がある馬だった。それなのに、これだけ音を立てずに歩けるというのは意外である。しかも放牧地表に転がっている石の位置を覚えているのか、石を踏むこともなく放牧地を闊歩しているという。

そんなオルフェーヴルも2024年で16歳になる。現役時代はレース中もレース後も元気いっぱいでパワフルなイメー

オルフェーヴルの馬体はそれほど大きくないが、強く威風堂々としているからか、実際よりも大きく見えてしまう。

写真／福田淳司

ジがあった。それだけに今も馬房でじっとしているのではなく、放牧地を縦横無尽に駆け回っていそうだが、上村さんによると実際の様子は異なるという。

「だいぶ年を取ってきたということもあると思いますが、走り回るというより、放牧地をゆったりと回ってきます。放牧地は1カ所につき1頭という形で振り分けているのですが、隣を気にする馬なので、騒がしい馬を隣に入れてしまうとストレスを溜めてしまいます。そこでなるべくおとなしい馬と一緒にするようにしています。最近ではシュネルマイスターが隣にいることが多いのですが、波長が合うみたいで仲良さそうにしているのをよく見ますよ」

堂々としていながら甘える姿にギャップ萌え

　オルフェーヴルは放牧地にいるよりむしろ、馬房にいる時の方がリラックスしているのだという。周囲に人がいないと馬房内でボーッとして日がな一日を過ごすことが多く、ゆったりしていることがほとんど。とくに体力を消耗する種付けシーズンの後半から真夏にかけてはおとなしくしていることが多いという。ただし周囲を気にするのは相変わらずで、馬房近くの育成厩舎内にあるトレッドミルの音や、若駒たちの鳴き声が聞こえてくると途端に機嫌が悪くなり、馬房内で不機嫌そうにカリカリし出すそうだ。

　そんなオルフェーヴルの繊細さを、上村さんは「ちょっとビビリだから」と笑って話す。

「『俺は強いんだぞ』という感じで振る舞うんですが、実際は強がっているところがあります」

　というが、思えば現役時代からその兆候は見られた。それは凱旋門賞に参戦するべくフランスへ遠征した時のこと。当時の日常を過ごしていた栗東トレーニングセンターと、周囲に自然溢れるフランスの馬房は様子が異なったのか、現地でのオルフェーヴルは、まるで借りてきた

周囲を気にするというオルフェーヴルだが、放牧地や馬房でゆったりと過ごすのがルーティンだという。

写真／福田淳司

猫のようにおとなしかったそうだ。それは種牡馬として社台スタリオンステーションにやってきた時も同様で、どうやら初めての環境だとおとなしく振る舞ってしまう様子。こうしたところからもオルフェーヴルの人見知りでちょっぴりビビリな面がうかがえる。

昔はヤンチャでどこか暴れん坊なイメージが強かったオルフェーヴルだが、年齢を重ねた現在ではそんなエピソードは少なくなっている。ちょっとした騒音で不機嫌になることはあっても、かつてのように暴れるようなことはほとんどない。多くのファンが集まるスタリオンパレードの際にもイレ込むことなく、堂々とした振る舞いを見せてくれるそう。その一方で、いつも世話をしてくれる馴染みのスタッフには、構ってほしいのか、わざとちょっかいを出してくることもある。そうしたオンとオフの時のギャップが、日ごろ世話をする上村さんにとってはかわいいところなのだという。

「僕がオルフェーヴルを担当するようになって最初の年の種付けは52頭と、今までで一番少ない年だったんです。でもそのころから産駒がダートでも走るようになって、次の年からはまた種付け頭数が増えたんです。その分、苦労は増えましたが、自分が種付けに携わった時の相手の繁殖牝馬のことはよく覚えているし、その子どもが走ってくれたら、これほどうれしいことはないですよね」

かつてヤンチャ坊主として知られたオルフェーヴルは、上村さんをはじめとした多くのスタッフの愛情によって、ちょっぴりオトナになったのかもしれない。

オルフェーヴルの現在は？

- 社台スタリオンステーションで種牡馬に
- 身体能力が高く四肢のバランスも抜群に良い
- 繊細でちょっとビビリ

パンサラッサ

引退して繋養先へと向かうひとりと1頭の最後の旅

文／緒方きしん

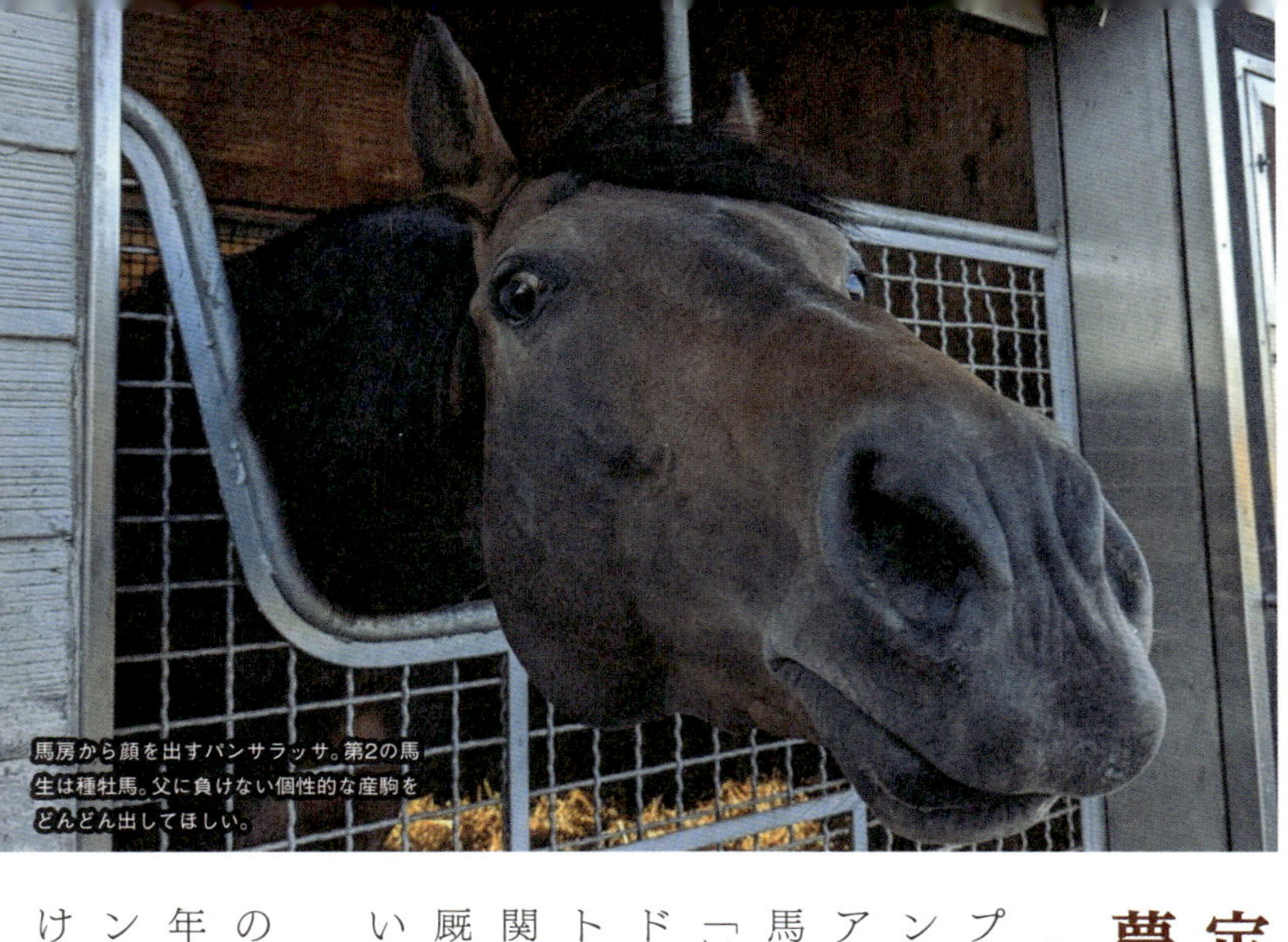

馬房から顔を出すパンサラッサ。第2の馬生は種牡馬。父に負けない個性的な産駒をどんどん出してほしい。

定年間際の厩務員の夢を叶えてくれた馬

芝のドバイターフ、ダートのサウジカップと、2つの海外GⅠを制覇。数多のファンから愛されたパンサラッサは引退後、アロースタッドにて種牡馬として第2の馬生を歩み始めている。

「いくつもの夢を叶えてくれた馬ですね。ドバイターフでは同着決着でしたが、ダートのサウジカップでは完勝。他国の競馬関係者が『記念に写真を撮らせてくれ』と厩舎に集まるほどの人気でした。良い思い出です」

そう語ってくれたのは、パンサラッサの厩務員だった池田康宏さん。2023年9月に定年を迎えた同氏にとって、パンサラッサは約50年間の厩務員生活における最後の相棒ともいえる。

「長年、矢作厩舎で厩務員をしてきましたが、担当馬でGⅠを勝利したことがありませんでした。後輩たちはリスグラシューやラヴズオンリーユーなどで勝っていますが、私の担当馬はGⅠで2回も写真判定で敗北。定年も近くGⅠ制覇を半ば諦めていたところでドバイターフ同着制覇ですから……。写真判定が長かったことで表彰式などは省略されましたが、本当にうれしかったですね」

パンサラッサと池田さんの出会いは、3歳の秋まで遡る。神戸新聞杯で12着と大敗して仕切り直しとなったオクトーバーSから担当し、そこから定年までを共に歩んだ。しかし最初から順調だったわけではなく、4歳2月にはレース後に深管骨瘤を発症。4月にはレース前に歩様が乱れ、直前で発走除外となった。

「矢作先生が『将来のある馬だから徹底的に治そう』と長期休養の判断をしたのですが、その休養明けにフォームが激変したんです。痛いところがなくなったことで、沈み込むような走りができるよう

2022年の天皇賞・秋では、最強馬イクイノックスの鞍上のルメール騎手が肝を冷やしたというほどの果敢な逃げで2着に好走した。

写真／宮原政典

プロフィール

生年月日	2017年3月1日生まれ
性別	牡馬
毛色	鹿毛
父	ロードカナロア
母	ミスペンバリー（母父：モンジュー）
現役時調教師	矢作芳人
現役時馬主	広尾レース
戦歴	27戦7勝（海外4戦2勝）
主な勝ち鞍	サウジカップ、ドバイターフ、中山記念
生産牧場	木村秀則牧場（新ひだか）
現在の繋養先	アロースタッド（新ひだか）、ユーロンスタッド（オーストラリア※2024年よりシャトル種牡馬として供用）

現在までの軌跡

2019年9月にデビュー。3歳時は重賞でも好走していたがクラシックには参戦せず。4歳10月のオクトーバーＳから逃げ戦法で頭角を現し、5歳春にはドバイターフでＧⅠ初勝利。6歳時にはサウジＣ制覇と、芝・ダート問わず海外ＧⅠで活躍。同年のジャパンＣ出走を最後に現役を引退する。引退後はアロースタッドで種牡馬として供用されている（オーストラリアでも種牡馬として供用）。

になりました。復帰戦は半年ぶりの実戦でしたが、自信がありましたね！」

池田さんの自信通り復帰戦を制したパンサラッサ。休養前は控える競馬もしていたが、ここで逃げ切り勝ちして以降は逃げ馬としての才能を開花させた。こうして密度の濃い時間を共に過ごしているうちに、池田さんはパンサラッサの調子がわかるようになってきたという。

「勝利した中山記念やドバイターフは自信がありましたね。逆に5歳で挑戦した札幌記念の時は、暑さが苦手なタイプなので、レース前からぼんやりとしていました。天皇賞・秋の時は涼しくなってピリッと良くなっていたので鞍上の吉田豊騎手にそう伝えたところ、パドックでは『どうかな？』と首を傾げていたのですが、返し馬が終わってから『本当に良くなっている！』と喜んでいました。そこから、あの激走が生まれました」

そして天皇賞・秋の次々走で、サウジカップを逃げ切り勝利。世界最高賞金額である1000万ドル（当時のレートで約13億円）を手にした。パンサラッサはそのままサウジアラビアからドバイへ渡航。ドバイワールドカップ挑戦の調整期間中、池田さんにとって忘れられない出来事があった。

「ドバイは調教後、厩舎区域まで3・5キロほどの道のりを歩いて帰るんです。調教終わりにパンサラッサと暗がりを歩いている時に、しみじみとサウジカップ勝

2024年1月8日に行われたパンサラッサの引退式にて。夢心地の一日だったという池田さん。とても誇らしげにパンサラッサを曳いている。

写真／宮原政典

利の喜びが湧き上がって『お前、大した馬になったなぁ。日本ではお前のことが大ニュースになってるみたいやぞ』と首をポンポンと叩いたんです。すると速歩だったパンサラッサが急に立ち止まり、私の顔をじーっと見つめてくれたんです。話が終わるとまた歩き始めたのですが、私がお礼を言うたびに立ち止まって顔を見てくれる。2人で会話した気持ちになれた、本当に貴重な時間でした」

そして迎えた引退式の日。中山競馬場の売店に登場した池田さんに気づいたファンがサインを求めたことで、次第に行列ができる事態が発生。最終的には職員が登場するほどの人だかりができた。

「担当馬の引退式は長年の夢でしたから、私にとっても夢心地の日。式が終わるとそのまま一緒に繋養先のアロースタッドへ向かう手筈となっていたので、そこから私たちの最後の旅が始まりました」

周囲が驚いた 2人だけの遊び

「中山競馬場からアロースタッドまで、馬運車とフェリーでの長時間移動です。その間、三度の食事もありますし、水もあげる必要があります。定年退職していた私は時間の融通も利きましたから、タイミングも良かったです」

現役時代から輸送が大好きと話題になっていたパンサラッサ。池田さんは「乗り物大好き！　遠足大好き！　という感じ」と笑う。サウジアラビア・ドバイ・香港と海外遠征も多かったが、飛行機の狭いコンテナに乗るのも平気。遠征の気配を見るとうれしそうにソワソワしていたほどだったという。

「パンサラッサはニンジンが大好き。馬運車の中でもモリモリ食べるんですが、引退式の時にスタッフがニンジンをあまり持ってきていなかったため、福島県を通過したあたりで飼い葉しかない状態になりました。寂しそうにしていたのでコンビニでバナナを買ったのですが、口に合わなかったようで最初の一口だけであとは嫌そうにしていました（苦笑）」

約20時間の旅を終えてアロースタッドに到着。馬運車からパンサラッサが下りると、駆けつけていた報道陣から一斉にシャッター音が鳴り響いた。馬運車の運転手が「これだけ有名な馬を積んでいたんですね。一生の思い出になります」と感激していたという。

「馬運車から出たパンサラッサが大きくいなないたのを見て、『もしかしたら故郷の近くに帰ってきたのがわかったんじゃないかな』と感じました。綺麗な馬房、馬

北海道で行われたパンサラッサのイベントにて。池田さんのキスアピールにパンサラッサも応えて……この両者、本当に気持ちが通じ合っている！

服で良い暮らしだなと、見て安心しました。パンサラッサはすぐに慣れて元気に草を食べていたんですが、私が帰り際に『また会いにくるからな！』と叫ぶと顔を上げて振り向いてくれました」

池田さんとパンサラッサの再会は、その約半年後。アロースタッドで行われたイベントで、集まった小学生たちにパンサラッサとの仲睦まじさを披露した。

「会って最初は『久しぶり！　元気？』と声をかけたんですが、ちゃんと覚えていてくれたようでうれしそうにしていました。現役時代は480キロ前後だった馬体重も500キロになり、お腹回りが立派な種牡馬らしい馬体になりました」

パンサラッサは噛み癖があるため、苦戦している現地スタッフも多い中、池田さんが昔からしてきた下顎を持ちながら戯れる「パンサラッサとの2人だけの遊び」には、驚きの声が上がった。

「やんちゃなところがありますが、下顎を持つとおとなしくなるんです。そうなると頬擦りも簡単で、パンサラッサも『またやられたなぁ』という顔をしながら受け入れてくれます」

日本国内では無事に初年度の種付けを終えたパンサラッサ。国内外でどのような産駒が生まれてくるのか、楽しみは広がるばかりだ。

「厩務員人生の最後でこうした馬に関われたことは感謝しかありません。あとはいつまでも元気で過ごして、種牡馬としても競馬界を盛り上げてほしいです！」

多くの人に愛されたパンサラッサ。次の舞台でもアッと言わせる活躍を見せてくれることだろう。

パンサラッサの現在は？

- アロースタッドで種牡馬に（オーストラリアでも供用）
- 長旅も遠征もへっちゃら
- ヤンチャだが下顎を持つとおとなしくなる

やさしくつぶらな目の感じが印象的な現在のゴールドシップ。

種牡馬としてもキャラクターとしても人気のアイドルホース

ゴールドシップ

文／緒方きしん

種付けも上手で非常に賢い馬

クラシック二冠、グランプリ3勝などGIを6勝した芦毛の名馬、ゴールドシップ。同馬は引退後、ビッグレッドファームで種牡馬としてセカンドキャリアを歩んでいる。すでにオークス馬のユーバーレーベンをはじめ多くの活躍馬を輩出する人気種牡馬だが、ビッグレッドファーム北海道事務所の井澤瑞貴さんによると、種付けが上手なことでも頼れる存在だという。

「繁殖牝馬に物怖じせず、年齢・毛色など一切関係なく積極的に種付けを行うなど、前進気勢の強さを感じます。受胎率も高く、種付けに対してナーバスになることもありません。シーズンの後半になると他の種牡馬は疲れを見せることがある中で、大きな疲れを見せずに種付けを行ってくれる頼もしい存在です」

ゴールドシップの種付けが上手なポイントは2点ある。ひとつは、時間をかけることなくスムーズに終わらせる点、もうひとつは精神的なタフさによって繁殖牝馬が戸惑ったり不機嫌だったりしてもとくに動じることなく向かっていける点だ。種牡馬が相手の機嫌に左右されるような態度をとることは、繁殖牝馬を疲れさせたり、危険な目に合わせるリスクがある。そうしたデメリットを回避できる振る舞いができるからこそ、「種付けが上手」という評価を得ることができる。井澤さんは「種牡馬ゴールドシップに、何も言うことはありません」と太鼓判を押す。

一方で、種牡馬としての仕事をしていない時のゴールドシップは、また違った一面をのぞかせる。現役時代には、調教中に立ち上がったり、他馬に噛みつきにいったりと破天荒な振る舞いが目立ったが、今ではそうした気性も変化を見せている。

2015年の天皇賞・春制覇でＧⅠ6勝目。鞍上の横山典騎手が両手を高々と掲げたのも印象的だった。

写真／宮原政典

プロフィール

生年月日	2009年3月6日生まれ
性別	牡馬
毛色	芦毛
父	ステイゴールド
母	ポイントフラッグ（母父:メジロマックイーン）
現役時調教師	須貝尚介
現役時馬主	小林英一ホールディングス
戦歴	28戦13勝（海外1戦0勝）
主な勝ち鞍	皐月賞、菊花賞、有馬記念、宝塚記念（2回）、天皇賞・春
生産牧場	出口牧場（日高）
現在の繋養先	ビッグレッドファーム（新冠）

現在までの軌跡

2011年7月にデビュー。共同通信杯で重賞初制覇を飾った後、皐月賞に直行して優勝。日本ダービーは5着に終わったが、菊花賞を勝ち、牡馬二冠を達成。同年には有馬記念も制する。古馬になってからは宝塚記念連覇をはじめ、3度目の挑戦で天皇賞・春を制覇した。6歳時の有馬記念を最後に現役を引退。2016年からビッグレッドファームで種牡馬として供用されている。

「ビッグレッドファームに来てからは現役時代のイメージとは異なり、のんびりと過ごしていることが多いです。ただ自分というものをしっかり持っている馬ですので、自分の意思に合わない時にはしっかりと意思表示をしてくれます。私たちもゴールドシップの意思を尊重しながら接しているので、良い関係を築けているのではないかと感じています」

産駒の戦績も、順調そのものだ。成長力も秘めながら、父から柔軟性を受け継ぎ、2歳から長い間活躍できる馬も多い。2019年には札幌2歳Sで産駒がワンツー決着。翌年の同レースでも1着ソダシ、3着バスラットレオンという中、2着ユーバーレーベン、4着アオイゴールド、5着ヴェローチェオロと掲示板に3頭もの産駒を送り込んだ。3歳戦であれば、ゴールデンハインドのフローラSでの激走も記憶に新しい。

「早熟とは思えない産駒が多い中、オークス馬ユーバーレーベンはもちろんのこと、2024年はメイショウタバルが皐月賞に出走するなど、毎年欠かさずに産駒をクラシックに送り出している点は強みです。さらに、2023年はマイネルグロンが中山大障害を勝利してJRA賞最優秀障害馬に選出されたのも大きなニュースでした。ゴールドシップは非常に賢い馬ですから、たとえば、取材の方がカメラを向けると、ポーズを決めたりと自分が何を求められているかを理解して

ゴールドシップは種付け上手で、産駒も大活躍。同馬にとって種牡馬は「天職」に違いない。

いるのではと感じることもあります。私としてもこのような名馬に関われていることを幸せに思います」

種牡馬として、年々評価をあげているゴールドシップ。井澤さんが顔を綻ばせるように、きっとこれからも、ゴールドシップの賢さを受け継ぐ産駒がたくさんうまれてくるに違いない。

現役時の激しさから一変して穏やかに

そんなゴールドシップの種牡馬としての活躍に顔を綻ばせるのが、現役時代に同馬を担当した今浪隆利元厩務員だ。

「若いころから牝馬が好きでしたから、種牡馬は天職かもしれないですね。近くに牝馬がいるとすぐに興奮してしまうので、馬運車では牝馬が同乗しないようにお願いしていました。洗い場を使う時ですら、牝馬が近寄らないように気をつけていたくらいですから」

今浪さんとゴールドシップの信頼関係は、現役時代からしばしば話題に上がっていた。2015年の有馬記念を最後に競走馬を引退した同馬に、コロナ禍のピークを除き、ほぼ毎年会いにいっているという。

「種付けのオフシーズンに行くようにしているのですが、いつものびのびと休んでいますね。毛ヅヤもよく、みなさんに大切にされているのが伝わってきます。引退したばかりの頃に会いにいったら指を鳴らしただけですぐに駆け寄ってきてくれました。ずっと僕から離れないでいてくれたので、うれしかったですね」

現役時代、賢さゆえの気難しさやイタズラ癖がたびたび話題になったゴールドシップ。調教時にもさまざまな苦労があったという。とくに3歳春ごろからは「ちょっと手に負えないかな」と思わせるようになった。そこから身体が成長して力がどんどん強くなる一方、性格は変わらなかったため、周囲の気苦労も増えていった。

「馬房の前を通る時も、中から飛びかかろうとしてくることがあるので注意が必要でした。それとは逆に自分の世界に入り込んでいるような日もあって、その時は奥の方でじっとしているんです。1歩も動かないで、ひとりで考え事をしている感じというか……試合前に集中力を高めているアスリートみたいな感じですね。その時間を邪魔するとすごく怒られるので、みんな近づかないようにしていました」

そんな様子を間近でずっと見てきた今浪さんを驚かせたのが、引退後のゴールドシップの姿だった。放牧時はまだしも、馬房に入ってからも落ち着いた態度を保ち、人が近づいてもキョロキョロとする

現役時代はピリピリしていたのに、現在はうってかわって穏やかで、その姿はとても自然体に映る。

くらいで暴れなくなっていたのだ。

「これほど落ち着くのか、とびっくりしました。ファンが手を振っても気にしないし、劇的な変化ですね。研ぎ澄まされた現役バリバリのアスリートから、公園でベンチに座って空を眺めているおじいちゃんのようになっていましたね(笑)」

ゴールドシップにとって、雄大な自然に囲まれているビッグレッドファームの放牧地は過ごしやすい環境なのだろう。今浪さんは、現役時代のゴールドシップが、競馬場やトレセンなどに到着するとすぐにスイッチが入ったことを懐かしそうに振り返る。

「去年(2023年)、8年ぶりに顔を撫でさせてもらいました。イタズラもなくのんびりと触らせてくれましてね。昔は手入れが嫌いで、身体に触れていると噛みついたり蹴ったりしてきたけど、やんちゃな時代の面影がなくなってきたようです。とてもリラックスしていて自然体でした」

ゴールドシップもすでに15歳と、種牡馬としてもベテランの域に近づきつつある。最高種付け頭数を更新した今シーズン。その産駒たちには、おそらく多くの素質馬がいることだろう。今後も一層の活躍が見込まれる。

「これからもたくさんの良い産駒を出してもらいたいですね。今は種牡馬としての仕事を一生懸命に頑張ってほしいです。そしていつか月日を重ねて種牡馬も引退して余生を送るような時期になったら、もっと多くの時間を一緒に過ごせるようになるとうれしいですね。それまで私も元気でいなくてはいけません。その日を楽しみに頑張ります!」

今浪さんをはじめとする多くの関係者とファンに見守られながら、ゴールドシップは忙しくも穏やかな日々を送っている。

ゴールドシップの現在は?

- ビッグレッドファームで種牡馬生活を送っている
- とても賢くて種付け上手
- やんちゃ時代の面影はなくなってきた

人が来ると興味津々で馬房から顔を出すブラックタイド。

とてつもない血の力！　三代で紡がれる最強馬の系譜

ブラックタイド

文／緒方きしん

活発に動き回る性質は弟よりもお母さん似

「23歳を迎えた今でも変わらず元気です。種付けもこなしていますし、落ち着きがないのも若い頃のままです（笑）」

ブリーダーズ・スタリオン・ステーションの場長を務める坂本教文さんは、種牡馬ブラックタイドのやんちゃぶりに目を細める。２００８年に現役を引退し、ブリーダーズ・スタリオン・ステーションに来たブラックタイドを、坂本さんは長きにわたって見守ってきた。

「現役時代は屈腱炎を発症してから苦戦していましたが、素質は確かでしたし、馬体の見栄えも良くて馬産地から求められていた馬でした。弟のディープインパクトが大活躍したこともあって、我々も『種牡馬になるべき馬』と考えていたんです」

全弟にして日本競馬の至宝といわれたディープインパクトが引退したのは２００６年。屈腱炎で2年以上の休養期間を経て復帰後16戦を走り抜いたブラックタイドが引退した頃には、ディープインパクトの初年度産駒が誕生していたことになる。そんなブラックタイドがステーションに来る前、1本の電話があった。

「（現役時代に管理した）池江泰郎先生から電話があり『ディープはお利口さんだけど、この仔は違うから気をつけて』と注意されました（笑）。なので、かなり癖があるのかなと思って身構えていたんですが、会ってみると意外と扱いやすくホッとしました。確かにおとなしいディープとは雰囲気が全然違いましたが、当時うちにはステイゴールドという異次元の存在がいたので（笑）、難しい馬への接し方が身についていたのかもしれませんね」

種付けを始めると、ブラックタイドは他のサンデー系の多くの種牡馬と同じく、問題を起こすことはまったくなかったという。やる気もあり、牝馬が暴れても種

2004年のスプリングSが唯一の重賞勝利。この後、皐月賞に駒を進め、コスモバルクに次ぐ、2番人気の高い支持を受けた。

写真／宮原政典

プロフィール

生年月日	2001年3月29日生まれ
性別	牡馬
毛色	黒鹿毛
父	サンデーサイレンス
母	ウインドインハーヘア（母父：アルザオ）
現役時調教師	池江泰郎
現役時馬主	金子真人ホールディングス
戦歴	22戦3勝
主な勝ち鞍	スプリングS
生産牧場	ノーザンファーム（早来）
現在の繋養先	ブリーダーズ・スタリオン・ステーション（日高）

現在までの軌跡

2003年12月にデビュー。3歳春にスプリングSを勝ち、クラシック戦線の有力馬の1頭に名を連ねたが、皐月賞の後に屈腱炎を発症し、長期休養に入る。復帰後は7歳まで現役を続けたが未勝利のまま現役を引退した。引退後はブリーダーズ・スタリオン・ステーションで2009年より種牡馬として供用が開始され、23歳の現在も種付けが行われている。

付けが嫌いになることもなかったそうだ。

「年間で100頭を超える頭数に種付けしていくと、馬もある程度は疲弊していくものです。最初は種付けに前向きでも、数をこなすうちに嫌な目にあったり疲労が溜まったりして、種付けが嫌いになる馬もいます。だからキャリアを積んでからも前向きさを失わなかったところは頼もしかったですね」

現在のブラックタイドは年齢を考慮し、他の種牡馬と離れて、移動の負担が少ない放牧地すぐ横の馬房にいる。ただ賑やかな雰囲気が好きだというブラックタイドには、やや寂しさもあるようで、放牧地に他の馬が移動してくると喜んで放牧地を走り回るという。

「活発なタイプで、動くのが大好きなんです。自分から他の馬に喧嘩を売るようなことはないですが、放牧の際はおとなしい馬を隣にするよう配慮しています。今は穏やかなキセキが隣にいるので、居心地良さそうにしていますよ」

ディープインパクトやその母であるウインドインハーヘアとも何度か顔を合わせていた坂本さん。ブラックタイドについては「ディープよりもお母さん似の性格」と分析する。

「（33歳となった）今でも、放牧地に出ると走り回っているようなお母さんです。元気いっぱいで落ち着きのないところは親仔でそっくりですね。ウインドインハーヘアを見ていると、ブラックタイドもこのまま落ち着くことなく年を重ねていくんだなと感じます（笑）」

誰が世話をするかで取り合いになる人気者

ブラックタイドといえば、歴史的名馬キタサンブラックの父である。これだけで大きな功績だが、そのキタサンブラックから世界最強馬のイクイノックスが産まれ、その血脈は広がりつつある。

「ブラックタイド産駒は最初から評判がよかったです。日高の馬産を盛り上げてくれたらと思っていましたが、その期待に応えて、最初の重賞馬テイエムイナズマは日高産でした。そしてキタサンブラックも日高のヤナガワ牧場の生産馬。現場のスタッフみんなで応援していました」

キタサンブラックの菊花賞の制覇に喜びもひとしおだった坂本さんだったが、そこから先に想像を超える活躍が待っていた。

「菊花賞を制したあたりでは『種牡馬として帰ってきてくれたらうれしいね』と話していたのが、その後はGⅠを勝ちまくって、いつの間にか遠い存在になってしまいました（笑）。引退後に何度も会っていますが、父のブラックタイドと比べてずいぶんおとなしいタイプ。父の気性をマイルドにしつつ、立派な馬体をさらに大きくしたような感じの馬ですね」

そしてイクイノックスが登場。その活躍を喜んでいるうちに、種牡馬キタサンブラックの評判は上がり、種付料もみるみるうちにアップしていった。

「2000万円になったころには額の規模が大きくて、あまり話題にならなかったです（笑）。本当に頑張っているのは馬たち自身だと思いつつ、ひとりのファンとして応援していますが、こうして活躍を見ると『うちで種付けして生まれた馬がやってくれたな！』という気持ちになりますね」

ブラックタイドは、金子真人オーナーからずっとかわいがられているという。毎年様子を見に訪れるだけでなく、自身の所有するアパパネといった名牝にも種付けさせてきた。別れ際にはいつも「長生きしろよ！」と激励しているそうだ。

「現場のスタッフを含め、多くの人に愛されている馬ですね。決して人に媚びるタイプではないですが、年齢を重ねるごとに、ニンジンのおねだりをしたりと、甘えてくることが増えました。これがまたかわいいんです。ただ元気いっぱいな性格といっても人に襲いかかったり蹴ったりしてくることもありません。スタッフから愛されるのも頷けます」

年齢を重ねるうち、人にニンジンなどをおねだりするようになったという。

馬体は今なお若い！　種付けの要望はまだまだあるが、現役続行はあくまでも馬のやる気と体調次第。

ブラックタイドの担当者が休みの日には、代わりに誰が世話をするか取り合いになることもあるという。現場のスタッフ全員が、ブラックタイドに大きな愛情を注いでいるのが伝わってくる。

「キタサンブラック、イクイノックスと、血がつながっていくというのはすごいことです。その系譜に携われたことは競馬関係者として光栄のひと言。ブラックタイドがここまで頑張ってくれたことには感謝しかありません。種付けは非常に忙しい仕事ですが、そのピークの時期に我々と縁のある馬がクラシックなどで活躍してくれると大変励みになります。その意味でブラックタイドは、『我々も競馬界に貢献しているな』と思わせてくれました」

23歳を迎えてなお受胎能力に問題なく、種付けを希望する繁殖牝馬も集まるため、種牡馬としての仕事を続けているブラックタイド。ただ現場としてはビジネスというより、馬のやる気と体調を尊重したいという思いが強い。ゆえに今後デビューするブラックタイド産駒の頭数は少なくなっていくが、キタサンブラック、イクイノックスと三世代産駒対決がターフで見られる可能性もゼロではない。

「種牡馬として引退を迎えても、ここで功労馬として過ごしてほしいと感じているスタッフは多いです。このままずっと良い余生を送ってもらい、最後まで面倒を見続けていけたらと感じています」

名馬の系譜を作り上げてきたブラックタイド。周囲からの深い愛情に包まれながら、長い時を過ごしてきたこの牧場で、これからも穏やかな日々を送っていくことだろう。

ブラックタイドの現在は？

- ブリーダーズ・スタリオン・ステーションで種牡馬生活を送っている
- 23歳を迎えても現役の種牡馬
- 年を取って人に甘えるようになった

障害の絶対王者が種牡馬に！　オジュウチョウサン産駒には名ジャンパーとはいわず、平地での活躍も期待したい。

筋金入りの我の強さも種牡馬入り後は態度が一変⁉

オジュウチョウサン

文／不破由妃子

遠くを見て佇み寂しげなオジュウ

現役時代のオジュウチョウサンといえば、長きにわたり障害界の頂点に君臨した絶対王者であり、調教や馬房での振る舞いも傍若無人。衝撃エピソードに事欠かない個性派である。

鞍上を落としにかかるのは通常運転で、指示を出すとごねる、調教中に人を落としてからダートコースで砂浴びを始める、さらに拍車にもステッキにも無反応。馬房でも執拗に噛みついてくるため、担当厩務員のジャンパーはいつもボロボロだったという。主戦を務めた石神深一騎手も、「あいつは完全に人間をナメていましたね」と苦笑いするほど。とにかく我の強さでは他の追随を許さない競走馬だった。

そんなオジュウチョウサンが引退後、種牡馬として北海道日高町にある『Ｙｏｇｉｂｏヴェルサイユリゾートファーム』にやってきたのは、２０２３年１月のこと。Ｙｏｇｉｂｏを枕に寝転ぶアドマイヤジャパンの動画ですっかり有名になった、あの新進気鋭の養老牧場である。果たして現役時代は傍若無人の限りを尽くしたオジュウチョウサンだったが、「最初なんて借りてきた猫のようでしたよ。大丈夫？　本当にオジュウ？　みたいな（笑）」と語るのは、同ファーム代表の岩崎崇文さん。まさかあのオジュウが借りてきた猫⁉　俄然日々の様子が気になるところだが、まずはオジュウを預かった経緯から聞いていこう。

「それまでオジュウの生まれ故郷である坂東牧場さんで繋養されていたのですが、『ファンの多い子だし、ファンが会いにいける環境の方がいいよね』という話で、坂東さんがオーナーサイドに『ヴェルサイユさんに預けた方がいいと思う』と言ってくださったみたいで。あとは、障害馬

数々の障害記録を塗り替えた現役時代。2017年の中山大障害で見せたアップトゥデイトとの大激闘は、近年のベストレースのひとつとして語り継がれるほど。

写真／宮原政典

プロフィール

生年月日	2011年4月3日生まれ
性別	牡馬
毛色	鹿毛
父	ステイゴールド
母	シャドウシルエット（母父:シンボリクリスエス）
現役時調教師	小笠倫弘→和田正一郎
現役時馬主	チョウサン
戦歴	40戦20勝（平地戦8戦2勝）
主な勝ち鞍	中山グランドジャンプ（6回）、中山大障害（3回）、阪神スプリングジャンプ（3回）、東京ハイジャンプ（2回）
生産牧場	坂東牧場（平取）
現在の繋養先	Yogibo ヴェルサイユリゾートファーム（日高）

現在までの軌跡

2013年10月デビュー。2戦未勝利後、1年の休養を経て障害に転向。2015年6月に石神深騎手とコンビを組むと、2016年4月に中山グランドジャンプでJ･GⅠ初制覇し、その後、障害重賞9連勝を達成。平地にも挑戦し、有馬記念出走を果たす。11歳まで現役を続け、2022年12月の中山大障害がラストラン。現役引退後はYogiboヴェルサイユリゾートファームにて種牡馬入りした。

ということで、スタリオンからのお断りも多かったみたいです。だったら、種付けもできてファンも会いにこられるうちがいいのではないかと」

かくして現在地に辿り着いたオジュウ。現在は、朝から放牧に出て、夕方前に馬房に戻るという生活を送っているようだが、

「本当に扱いやすいですよ。毎日のほほんと過ごしている感じで。たまに立ち上がったりしてステイゴールド感を出すこともありますけど、それにしたって毎回ではないですし。おとなしいものです」

とのこと。にわかには信じ難いものがあるが、競走馬のころは、それだけ張り詰めていたのかなと想像すると、心の底から「お疲れさま」と言いたくなった。

「9時から15時までは自由に見学していただけるのですが、やっぱりオジュウに会いにくる方は多いですね。うちはカフェや宿泊施設も併設しているのですが、オジュウはいつもカフェの前に佇んでいて、その姿がけっこう人気で。カフェのちょうど反対側に大放牧地があって、ガラス越しに放牧されている馬たちが見えるのですが、オジュウはたぶん、その馬たちを見ているのではないかと思います。オジュウは種馬だから、大放牧地には行けない。1頭放牧なので、寂しいのかもしれませんね」

Yogiboですっかり有名になったアドマイヤジャパンを筆頭に、大放牧地にはタニノギムレット、ロジユニヴァー

繋養先では唯一の種牡馬だけに、他の馬がいる大放牧地に行けず、寂しそうに佇んでいることもあるという。

ス、ローズキングダム、ヒルノダムールなどなど、錚々たるメンバーが集団放牧されているが、今でも種牡馬として活動しているのはオジュウだけ。1頭放牧も致し方ない。そんな彼らを、ガラス越しに日がな眺めているというオジュウ。「いいなぁ。俺もあっちに行きてえなぁ」。想像すると、オジュウのそんな心の声が聞こえてきそうだ。

「2023年は8頭に種付けして、4頭の産駒が誕生しました。その時は他の牧場に連れていって種付けをしていたんですけど、2024年はオーナーさんからうちでやってほしいとのご要望があったので、ヴェルサイユの敷地内で最終的に4頭の種付けをしました。手を煩わせることもなく、スムーズでしたよ。紳士的でした」

順調にいけば、2026年にはデビューとなるオジュウチョウサン産駒。少ない産駒の中から、父の才能を継ぐ天才ジャンパーが現れてくれたら――。障害界が沸き立つのは間違いない。岩崎さんも、

「限られた種付け頭数ではありますが、1頭でも2頭でもいいから、いい子どもを出してほしい。オジュウに期待するのはそれだけです。そして、オーナーさん次第ではありますが、これからもずっとうちにいる予定なので、できる限り長生きしてほしい。そう思っています」

平穏なオジュウの日常と牧場の飽くなき挑戦

開場6年目にして、今やすっかり日高の人気スポットとなった『Yogiboヴェルサイユリゾートファーム』。先述したようにGI馬も多数在籍し、馬産地北海道でも珍しいサラブレッドの乗馬体験プランもあるというから、競馬好きにはたまらないスポットだ。

窓から放牧中の馬たちが見える宿泊施設の他、カフェ、グッズショップも併設されており、実際に連日多くのファンが訪れている。企業による協賛や会員システムをベースに、引退馬事業を観光業として軌道に乗せたといっていいだろう。

「最初は散々言われましたけどね。『お金にならない引退馬なんて引き受けて何になるの?』とか『どうせ潰れるでしょ』と

か『何のためにそんなことやってるの?』とか……。でも今や、引退馬の行き先に困ったらヴェルサイユ、みたいな感じで(笑)。すでに40頭くらいいますけど、結局、無限なんですよね」

たまに父のステイゴールド的な荒さも見せるというオジュウチョウサンだが、基本的にはおとなしく扱いやすい馬だという。何があった!? オジュウ!

寿命を迎える馬がいる一方で、毎年7000頭近くのサラブレッドが生まれ続けているのが現実。そのすべてに幸せな余生を提供するのは不可能だが、「1頭でも多くの引退馬を引き受けたい」という思いから、岩崎さんの頭の中には壮大な構想がある。

「今も近隣に『別邸ビラ・ウトゥル』という分場を作っていますが、この事業を継続していくためには、どうしても飛行機に乗ってこなければいけないという立地がネックだと思うんです。さらに、日高は電車が通っていないので、飛行機を降りてから車の運転をしなければならない。これは来場してくださるみなさんにとって、大きなハードルだと思うんです。だから、なんとか本州に牧場を作りたいなと思っていて。『ぜひ来てほしい』と言ってくださっている自治体もあるので、2~3年のうちには実現できたらいいなと思っています」

　併設のグッズショップも連日大盛況。この売り上げも、牧場を支える大事な資金源だが、果たしてオジュウグッズの売れ行きは?

「相対的に見れば好調なんですけど、オジュウのファンは、純粋な〝競馬ファン〟が多い。ですから、『ウマ娘』から入ったファンに比べると、そこまでグッズを求めないというか……。やはり『ウマ娘』組には敵わないですね」

　絶対王者、敗れたり。とはいえ、現役時代とはうってかわって、穏やかな日常を送るオジュウチョウサンがここにはいる。でも、大放牧地デビューはもう少し先。今は産駒のデビューを楽しみに待ちたい。

オジュウチョウサンの現在は?

- Yogiboヴェルサイユリゾートファームで種牡馬生活を送っている
- 現役時とは一変! 扱いやすくおとなしい
- 種付けもスムーズで紳士的

馬房から顔を出すウインバリアシオン。種牡馬としてのオンオフがはっきりしていて、隣の馬房に発情期の牝馬が来ても泰然自若としているという。

賢さと愛嬌が同居した青森の馬産を支えるスーパースター

ウインバリアシオン

文／緒方きしん

種付けでオンになるとまるで〝猛獣〟のよう

「とにかく賢いですね。自分は道営競馬の厩務員時代を含めるとこの業界に30年いますし、（繋養先の）荒谷さんは牧場で生まれ育った人で60年以上馬を見続けていますが、2人ともこんなにも賢い馬を扱ったのは初めてです」

青森県の十和田市にあるスプリングファーム。その代表の佐々木拓也さんは、自身が所有するウインバリアシオンの賢さに舌を巻く。かつてGIで四度2着に食い込んだ名馬ウインバリアシオンは、現在、青森の地で種牡馬をしている。

「あまりにも賢くて、一度会った人の顔も覚えてしまうんですよね。たとえば、過去に大好物のニンジンをくれたことがある人の顔を見ると、すかさずニンジンを要求したり……（笑）。一度イベントで津軽に行った時に馬運車を下りる際、床が滑ったんですよ。そしたらその馬運車が危険と覚えて、帰りに乗るのを拒否してしまいましてね。目隠ししてなんとか乗せましたが、本当に焦りました」

食欲旺盛でカイバ食いも良いというウインバリアシオン。ニンジンであれば山ほどあってもすぐに平らげるという。一方で、青森名物でもあるリンゴには見向きもしないのだとか。

「愛嬌があるんですよね。身体は大きいんですけど、人をおちょくるようにして鼻をぶつけてきたり、押しつけてきたり、ぐりぐりしてきたり。気に入らないことをされた時は強く鼻で押して抗議してきますが、人が痛がらないように加減をしてくれています」

物覚えが良いというウインバリアシオンは、青森に来てすぐ、種付けの仕事も簡単にマスターした。種付けに非常に前向きという性格に加えて、周囲の人間に対する理解の深さが後押しした。

ＧⅠで2着4回。シルバーコレクターと称されるウインバリアシオンだが、能力は同期の怪物オルフェーヴルに匹敵していたともいわれている。

写真／宮原政典

プロフィール

生年月日	2008年4月10日生まれ
性別	牡馬
毛色	鹿毛
父	ハーツクライ
母	スーパーバレリーナ（母父：ストームバード）
現役時調教師	松永昌博
現役時馬主	ウイン
戦歴	23戦4勝
主な勝ち鞍	日経賞、青葉賞
生産牧場	ノーザンファーム（安平）
現在の繋養先	荒谷牧場（青森県・東北町）

現在までの軌跡

2010年8月に小倉競馬場でデビュー。翌年春に青葉賞を勝ち、日本ダービーではオルフェーヴルの2着に好走。秋の菊花賞もオルフェーヴルの2着に敗れたものの、同世代の三冠馬最大のライバルとして名を馳せた。引退後は乗馬になる予定だったが、青森県のスプリングファームが種牡馬として所有することを発表。同県内の荒谷牧場に繋養されている。

「私たちが『こうしたいな』と思ったことを理解してくれるんです。おそらく声色や手綱の持ち方などから感じ取ってくれているんですが、『違う違う、だめだめ！』というと躊躇して立ち止まるし、『よしよし、そうそう！』と言うとその通りに動いてくれます。現役時代、天皇賞・春で騎乗予定だった世界的名手のシュタルケ騎手が『こんなに操縦性の高い馬はいない』とコメントしていましたが、まさにその通りで、パワーはすごいんですが、コントロールのしやすさもピカイチなんです」

ウインバリアシオンは種付けのうまさも群を抜いているそうだ。牝馬の負担を考えると種付けには時間をかけないのが理想といわれるが、1分もかけず終わらせることがほとんどだという。

「オンオフがはっきりしていますね。しかもスイッチを入れるタイミングもコントロールが効いていて、隣の馬房に発情期の牝馬が来ても無視しています。馬によっては馬房を突き破ってでも向かおうとするものですが、彼の場合、今はその時ではないとゆっくりしています」

ウインバリアシオンの種牡馬としてのスイッチがオンになるのは、牝馬が種付け場に行って、佐々木さんが近づいてきてから。そこからは気持ちがオンになり、強い馬、強い牡のオーラが色濃く出るようになる。

「種付けの時にだけかぶる青いヘルメットがあるんですが、そのヘルメットをか

普段のウインバリアシオンはとても愛嬌があるという。人をおちょくるところはあるが、当たりの加減もよく理解しているそうだ。

写真／山中博喜

ぶって近寄ると、一気にオンになりますね。普段は従順で我々を困らせない、良い意味で『利口な犬』みたいな雰囲気なんですが、オンになったウインバリアシオンは完全に『猛獣』といった感じです。種付場に向かう短い道を通っている間に身体の準備も完全に調っていますね」

　牝馬を連れてきた生産牧場の人たちも、その種付けのうまさに喜んで帰るのだそうだ。

危機的な状態から信頼関係を築いた人馬

　今の佐々木さんとウインバリアシオンは強い信頼関係で結ばれている。「馬と人」というよりも「相棒」「パートナー」という言葉がふさわしいだろう。しかし現役引退後、青森に来たころのウインバリアシオンからは、鋭さや迫力に加えて、凄まじいほどのプレッシャーが発せられていたという。

「非常に気高い馬です。新しい環境で新しい人に囲まれて『俺は王様だぞ！』というアピールを常にしていましたね。手入れをしていても、ブラシのかけ方が気に食わないと『それ、違うだろ』『お前、ちゃんとやれよ』というように脚を回したりしてきました。人が肩を小突くような感じで、教育的指導に近かったです。噛みついてきたりというような気性の悪さは一切なかったのですが、ウインバリアシオンとのコンタクトの取り方を覚えるまでは、最初はやりにくさがありましたね（苦笑）」

　イタズラや抑制の利かない行いではなく、あくまでプライドの高さから、自分の強さや地位をアピールするようなしぐさが多かったという。だが同時に、当初のウインバリアシオンは大きな問題を抱えていた。引退の理由でもあった左前浅屈腱不全断裂の状態が深刻だったのだ。

「左脚がまるで象の脚や丸太棒のように腫れ上がっていました。これ、治るのかなと思うレベルで……。蹄葉炎になると命に関わるので、一刻でも早く治したかったです」

　しかし、どんな獣医師を呼んでも画期的な治療法が提示されるわけではなく、みな「冷やして休ませましょう」と口を揃えるばかり。

「わかってはいるが、もっと早くなんとかできないものか…」

　と、佐々木さんはもどかしく感じ、動かずにはいられなかったそうだ。

「どうにか早く回復させるために民間療法として伝わってきた方法も試しました。

青森に来た頃のウインバリアシオンは、「俺は王様だ」と言わんばかりに、周囲に凄まじいプレッシャーを発していたという。

薬効があるとされている栃の実を漬けた焼酎を患部にかけて熱を飛ばしたり、豚肉のミンチを蹄底の窪みに詰めて冷やしたり…。運動も完全にやめるわけではなく、あえて様子を見ながら20分ほど歩かせて負荷をかけるなど、みんなで知恵を出し合い、試行錯誤しました」

まだ反抗的だった時期のウインバリアシオンだが、治療中は不思議と静かで協力的だった。そして治療の効果が見え始めたのは2カ月目、腫れや熱が引いたのは4～5カ月目。それまで毎日、日に3回から4回の治療を続けた。そうするうちに、だんだんと佐々木さんたちに心を開いていったそうだ。

「自分でもケガの状態をわかっていたんでしょうね。激しい運動などはちゃんと我慢して、悪化しないようにしていました。今も放牧中は特に無駄なことはせずのんびり過ごすタイプです」

ただ、驚いた時には一流馬ならではの反応を示すという。まるで豹のように柔らかく背中を使い、俊敏な動きを見せるようだ。

「運動神経がズバ抜けています。こうして接していると、もしケガなく現役時代を過ごしていたら……と想像してしまうほどです。管理していた松永(昌博)先生がウインバリアシオンに会いにきた際も『オルフェーヴルは化け物だったが、ウインバリアシオンも十分に化け物だった』とおっしゃっていましたが、まさにその通りだな、と思います。青森の馬産の再興を目指す我々にとってこれ以上のパートナーはいません」

現役を引退してから10年近い時を経た今でも、有志の『ウインバリアシオンの会』から誕生日にニンジンが届くという。「懸命に走る彼の姿に救われた」というファンは多い。そんな多くの人の期待を背負い、ウインバリアシオンは今もなお、青森の地から挑戦を続けている。

ウインバリアシオンの現在は？

- 青森県で種牡馬生活を送る
- 懸命の治療で左前脚の故障から回復
- 種付けのうまさはピカイチ

日本競馬史上屈指の名牝が歩む母としての道

アーモンドアイ

文／和田章郎

現役時代に偉大な記録を打ち立て、次は母としてのセカンドキャリアをスタートさせた名牝アーモンドアイ。

写真／ノーザンホースパーク提供

歴史に残る名牝の仔にかかる期待

現役時代華々しい活躍を見せた牝馬は、なかなかいい産駒に恵まれない――かつてそんな妄言めいた定説があった。根も葉もない話に過ぎないが、一方で「レースでの消耗が激しく、それが仔の生育に影響する」といったもっともらしい原因が語られたりもしていたから、けっこうまことしやかに通用していたのだろう〝強い牝馬の時代〟を代表するアーモンドアイは、繁殖入り後、そうしたジンクスと闘う新たなステージに立った。

UAEでの1勝を含む通算15戦11勝、うちGI9勝はJRA最多。生涯獲得賞金もJRA歴代最高。2018年のジャパンカップで2分20秒6(当時の芝2400メートルの世界レコード)を叩き出し、牝馬三冠を達成したその年に年度代表馬に選出された。天皇賞・秋の連覇と、無敗の牡牝三冠馬2頭を退けてジャパンカップ2勝目を挙げた翌々年にも、二度目となる年度代表馬に選出されている。歴史的名牝と呼ぶにふさわしい馬だ。

そんなアーモンドアイの引退が発表になったのは、二度目のジャパンカップ参戦を表明した時。コントレイルとデアリングタクトの挑戦を受けることは言うまでもなく、ここがラストランになることを、管理していた国枝栄調教師本人が自らの言葉で発信した。ほぼ同時に、繁殖入り後の初年度のお相手が話題になった。

国枝師本人も、その注目度の大きさに驚いたひとりだ。

「あれだけの馬だから、当然といえば当然なんだけどね。エピファネイアとの間にできた初年度産駒が生まれた時は、自分が任せてもらえることが決まっていたのもあって、取材をひっきりなしに受けることになったよ。繋養先のノーザン

国内外のＧⅠ9勝という金字塔を打ち立てた名牝アーモンドアイ。いつも全力で走り過ぎるため、レース後の消耗が激しいことでも知られていた。

写真／宮原政典

プロフィール

生年月日	2015年3月10日生まれ
性別	牝馬
毛色	鹿毛
父	ロードカナロア
母	フサイチパンドラ（母父：サンデーサイレンス）
現役時調教師	国枝栄
現役時馬主	シルクレーシング
戦歴	15戦11勝（海外1戦1勝）
主な勝ち鞍	桜花賞、オークス、秋華賞、ジャパンC(2回)、天皇賞・秋(2回)、ヴィクトリアマイル、ドバイターフ
生産牧場	ノーザンファーム（安平）
現在の繋養先	ノーザンファーム（安平）

現在までの軌跡

2017年8月にデビュー。2戦目で勝ち上がり、そこから連勝街道をばく進。シンザン記念優勝をステップに桜花賞を快勝。続くオークス、秋には秋華賞も勝利して三冠を達成する。古馬になると初の海外遠征となったドバイターフの勝利を皮切りに、天皇賞・秋2連覇などＧⅠ4勝を積み上げて引退。現在は繁殖牝馬としてノーザンファームに繋養されている。

ファームから美浦に入厩した時も、今度はより具体的に、印象とか感触とか、デビュー予定とかを聞かれることになってもう一度驚いたね」

改めて、「アロンズロッド」と名づけられた産駒について印象を聞いた。

「筋肉のつき方とかはアーモンドに似たところがあるし、やっぱり動きは似ている気がする。うん、いい雰囲気は持っているよ。現時点では楽しみしかないけど、とにかく無事に行ってくれることを願っている」

国枝師といえばアーモンドアイとアパパネの2頭の三冠牝馬を筆頭に、2024年の桜花賞馬ステレンボッシュや、2021年の秋華賞馬アカイトリノムスメなど、牝馬の管理については、他の追随を許さない存在だ。

その師から見た〝母アーモンドアイ〟の印象はどうなのだろう。

「それがね、すごく仔馬の面倒見がいいみたいなんだ。たまに仔馬を放ったらかして我関せず、みたいに過ごす母馬もいるけど、アーモンドはそうじゃなくて、いつも目の届くところにいて、いいお母さんしてるみたい」

と、少し意外な言葉が返ってきた。

「アパパネと比べると、アーモンドアイは全体にピリッとしたところはあったよ。たまに手がつけられないくらいに暴れることもあったし。でも、基本的にはおとなしくて、普段は落ち着いている方だったよね。やっぱり繁殖に上がっても、そういう気性の馬の方がいいんじゃないのかな。放牧中の穏やかな様子を見ていると、現役時代とはずいぶん印象が違うようには感じるけどね。さすがに『まるで別の馬だ』とまでは言わないけど(笑)」

現役時代は群れをなすようなことはなく、むしろ孤高のアスリート然とした個性を放っていたアーモンドアイだけに、国枝師ですら驚く現在の姿は想像がつかない。どうやら、現役時代の雰囲気そのままに、やっぱり〝頭のいい馬〟なのだろう。無駄なところで力んだりせず、レースに集中して走り続けた現役時代同様に、自分が繁殖馬として置かれた環境の下で、リスクを伴わないベストな行動を、誰かから教わるでもなく、自ら自然にできるのだから。

エピファネイアとの間に生まれ、後にアロンズロッドと名づけられた初仔と仲睦まじいツーショット。母としてのやさしい表情が印象的だ。

写真／ノーザンホースパーク提供

コンスタントに仔出しがいいのが何より

一方で、まだまだ〝母親業〟に転身して日は浅い。現役時代は体質面的なものから熱中症の症状が出ることがあったし、尿に血が混じる麻痺性筋色素尿症などに悩まされた時期もあった。しかし、それらはあくまで当時のことで、今のところ体調面に何ら問題はない。

「性格的にも体形的にも、こっちにいる時とは違うからねぇ」

と国枝師が言う通りだろう。年齢を重ねるに従って、これからもっと体つきも変わってくるだろうし、日々の過ごし方にも変化が出てくるはずだ。産駒の成長を追いながら、母アーモンドアイの余生の送り方にも注意を払う必要がある。

国枝師が定年引退を迎えるのは2026年の2月。つまり悲願のダービー制覇は、2024年にデビューする馬たちに託すことになるが、父モーリスの2番仔も国枝厩舎に入厩する予定になっている。

「父親の影響が出ているのか、少し寸が詰まった体形で、上とはタイプが違っているね。マイラータイプなのかもしれないけど、しっかり育てて次の人にバトンを渡したいと思う」

まだなんともいえないが、国枝師の元に来ることになった2頭を見る限り、アーモンドアイは父親の個性を仔の体形に伝えるタイプの繁殖馬なのかもしれない。3番仔は父キタサンブラックで、2024年1月に無事に出産を終えた。そして新たにイクイノックスが配合され、こちらも受胎が確認されている。

繁殖入りしてから、質の高い種牡馬との交配が続いて、毎年順調に生まれてく

モーリスとの間に生まれた2番仔と共に放牧地にて。馬体も競走馬時代よりもだいぶふっくらして、より繁殖牝馬らしくなっている。

写真／ノーザンホースパーク提供

る産駒たち。このことについて〝牝馬の国枝〟の言葉は印象深い。

「現役時代の活躍も重要だけど、繁殖馬として仔出しがいいのは、何よりなんじゃないかなぁ。アーモンドより気性が穏やかだったアパパネも、コンスタントに走る馬を出してくれているし、自分の管理した牝馬の名前が、いろんな馬の血統表に載ってるのを見ると純粋にうれしいですよ。セレクトセールでカレンブーケドールの仔が高額で取り引きされた、なんて報じられたら、たとえ自分とは関係なくても、やっぱり気になっていろいろ調べたくなってくる。これから先、アカイトリノムスメやサトノレイナスも続いてくれるのかと思うと、将来的にも楽しみが増えるよね」

タブレット端末を操作して、引退した管理馬の産駒たちの血統表を、指差しながら笑顔を見せる国枝師。その言葉は、現役時代に活躍した牝馬ならではの余生の送り方、その幸せを共有する人間の在り方を示唆してくれているようだ。

強い牝馬の時代を経て、ようやく新しい光が当てられ始めた。競走馬として生きた牝馬の余生に、こうした潮流を、ただのムーブメントに終わらせないためには、何を考えていけばいいのか。

だからこそ、トップランナーとしてのアーモンドアイには、まだまだ頑張ってもらわねばならないのか？

――いや、そうじゃない。まず彼女には穏やかに、健やかに余生を送ってもらうことが一番。そしてその先を、もっと真剣に考えていかなければならない。常にアーモンドアイの姿を見守りながら。

アーモンドアイの現在は？

- ノーザンファームで繁殖牝馬に
- 仔馬の面倒見が良いお母さん
- 現役時代の激しさからガラリ一変。今は穏やかで落ち着いている

デアリングタクト

母となった孝行娘に広がる明るい未来

文／福嶌弘

繁殖牝馬となったデアリングタクトは、おとなしくて手のかからない馬だという。人に対しても従順だ。

おとなしく従順な馬が暴れ出した出来事とは

豪快な末脚と逞しい勝負根性を武器に、史上初となる無敗での牝馬三冠を成し遂げたデアリングタクト。2022年のジャパンカップ以降に休養し、復帰を目指していたが、残念ながら脚に故障が見つかり、2023年秋にターフに別れを告げた。そして2024年の春から繁殖牝馬として、第2の馬生を過ごすために岡田スタッドに帰ってきた。

無敗の三冠牝馬がママとなる――それだけに牧場としても大きな期待を寄せていたことだろう。繁殖牝馬となったデアリングタクトを担当することになった勝部浩平さんは当時をこう振り返った。

「前の担当者（渡邉薫さん）がすごくかわいがってくれていたので、引き継ぐ際に『大事にしてね』と言われましたよ（笑）。もちろん、みんなが期待している馬を担当するわけですから、私としては来る前から『頑張らないといけないな』と思ったし、同時に『大変だな』っていう気持ちもありました」

岡田スタッドにやってきたデアリングタクトだが、馬房内では「とにかくおとなしくて、何も手がかからない馬」というのが勝部さんの第一印象。あまりに手がかからないために岡田スタッドに研修に来た若いスタッフでも手入れができるほど従順だったというが、それだけに初めての種付けの際のデアリングタクトの姿が今でも印象深いという。

「初めての相手ということでベンバトルを付けることになったので、繋養先のビッグレッドファームに連れていったんです。それでいざ種付けをするという時に……珍しく暴れ出したんですよ。普段はおとなしい馬だから驚きましたが、初めての種付けということでパニックになっていたのかもしれませんね」

過去のどんな最強牝馬でも辿り着けなかった「無敗の三冠牝馬」という究極の高みへ、デアリングタクトは上り詰めた。

写真／JRA

プロフィール

生年月日	2017年4月15日生まれ
性別	牝馬
毛色	青鹿毛
父	エピファネイア
母	デアリングバード（母父：キングカメハメハ）
現役時調教師	杉山晴紀
現役時馬主	ノルマンディーサラブレッドレーシング
戦歴	13戦5勝（海外1戦0勝）
主な勝ち鞍	桜花賞、オークス、秋華賞
生産牧場	長谷川牧場（日高）
現在の繋養先	岡田スタッド（新ひだか）

現在までの軌跡

2019年11月にデビュー。2戦目のエルフィンSを圧勝し、わずか3戦目で桜花賞に挑戦。豪快な差し脚で一冠目を奪取した。続くオークスも直線狭くなりながら馬群を抜け出して快勝。秋は秋華賞に直行して優勝。史上初の無敗の牝馬三冠馬となった。さらに同年はジャパンCにも出走。3着に敗れたものの、最強を誇るアーモンドアイとコントレイルに迫り、牝馬三冠馬の実力を見せた。

繁殖牝馬が種付けに「怖い」という印象を持つことは少なくないという。種付けをする際には暗く狭いところに入れられ、後ろから種牡馬がやってくる。それゆえそれが初めての経験となる牝馬は得てしてパニックに陥りやすいといわれているが、デアリングタクトも例外ではなかった。もっとも、彼女の場合は「アテ馬を付けたところから不穏な空気があった」と勝部さんが語るように、結果、種付け前からその前兆はあり、本来ならば15分程度で終了する種付け作業が1時間ほどかかってしまったという。

苦労しながらも繁殖牝馬として初めての体験を終えたデアリングタクトだが、それ以外は別段変わったところもなく、ママとなっても食事量は現役のころと変わらない。岡田スタッドでは飼い葉の量を決まった分量しか与えないため、食べ過ぎることはないが、それでもデアリングタクトは毎回ペロリと完食する。現役時代から好物だったというルーサン（マメ科の牧草）を相変わらず好んで食べているが、夏場になると放牧地に生い茂る青草をよく食べ、飼い葉に交ぜると、うれしげに食べてくれるという。

そうした食欲旺盛な面が幸いしてか、現在のデアリングタクトの馬体重は550～560キロ。現役時代と比べると実に100キロ近くも増えたことになる。この数字だけを見ると少々驚いてしまうが、勝部さんによると丸みを帯びて

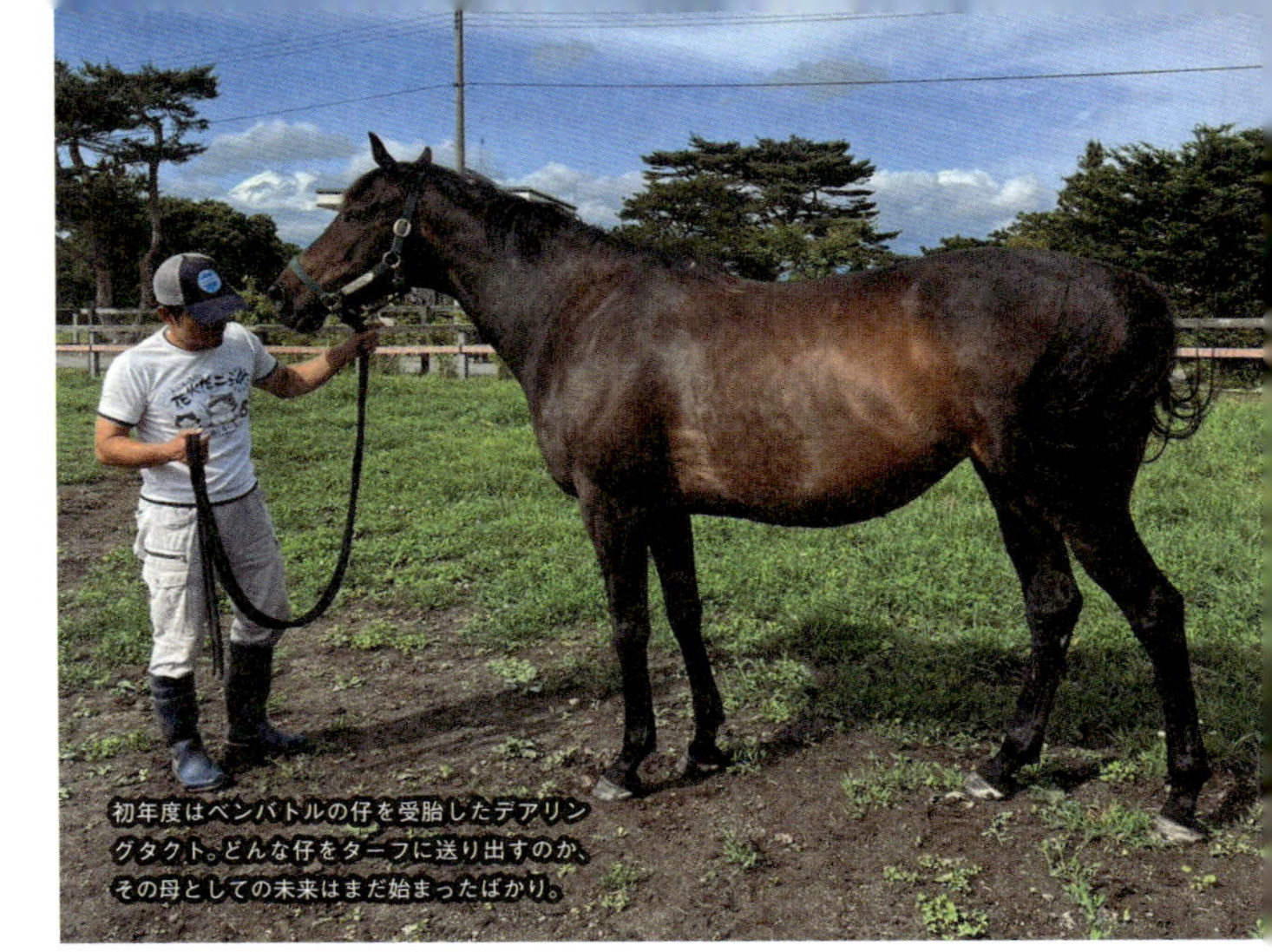
初年度はベンバトルの仔を受胎したデアリングタクト。どんな仔をターフに送り出すのか、その母としての未来はまだ始まったばかり。

きたその姿は、繁殖牝馬として理想的な馬体なのだという。

「デアリングタクトは、競走馬から繁殖牝馬になった馬としては肉付きがかなりいい方で、繁殖牝馬になってから1年でこれだけ大きくなれたというのは強みになります。まだ仔馬が生まれる前ですが、『いいお母さんになるだろう』という予感はしています」

三冠牝馬はとても控えめなお母さん

初めての種付けを終えたデアリングタクトは無事にベンバトルとの仔を受胎した。この取材当時は妊娠中だったため、若駒のころのように放牧地で走り回ることはあまりないそうだが、馬房内でじっとしているよりも外に出した方が上機嫌になるため、夜間放牧は比較的長めに取るようにしているという。放牧地ではいわゆる〝ママ友〟となる他の繁殖牝馬たちと共に過ごしているが、彼女たちの関係性を勝部さんはこう教えてくれた。

「うちの牧場ではひとつの放牧地に4頭くらいの繁殖牝馬を入れます。デアリングタクトの場合はベテランの繁殖牝馬2頭と、2歳ほど年長のほぼ同世代の馬と一緒に放牧地にいることが多いのですが……いつも後ろの方にいますね。控えめな性格が出ているのか、先輩ママについていく新米ママって感じですね(笑)」

同じ放牧地内にいると、通常であれば身体能力の高さなどで馬たちの間に序列ができることが多いそうだ。それであればデアリングタクトが最上位になってもおかしくないが、謙虚でおとなしい性格のためその様子は見られないという。

「ずっとその馬たちと仲良くいるわけではなく、どちらかといえば1頭でゆったりと過ごしているのが好きみたいですね」

という勝部さんの話を聞くと、デアリングタクトの素顔が見えてくる。競走馬時代はレースで燃え上がるような勝負根性を見せた一方、馬房内ではおとなしくしているというように、オンとオフをうまく使い分けていた馬だった。現役を退いた今は完全オフの状態でいることがほとんどだが、そうしたのんびりとおひとり様でいることがデアリングタクトの性に合っているのだろう。ただ、馬房から放牧地に出す際に若手のスタッフが手綱を曳いていると、何かのスイッチが入っ

放牧地では繁殖牝馬内の序列ができることもあるそうだが、デアリングタクト（右）は控えめで、いつも後ろにいるそうだ。

たかようにグイグイ引っ張ることもしばしばあり、勝部さんはその凛とした様子を見て、「さすがは三冠牝馬だ」と感心することもあるという。

基本的にはおとなしいが、時折三冠牝馬の顔を見せる現在のデアリングタクト。競走馬時代との一番の変化を勝部さんに聞くと、

「競走馬のころと比べると、目がすごくやさしくなった印象がありますね。それと、以前はあまり甘えてくるところがなかった馬だったと聞いていたのですが、最近はスタッフによく甘えてきます。もしかするともうレースで走らなくていいから、そうした面が出てきたのかもしれませんね」

現役を退いておよそ1年。牧場に戻り繁殖牝馬になったことで、デアリングタクトの心境にも変化があったことは想像に難くない。2025年の春に産駒が産まれれば名実共に母になるわけだが、果たしてどんな母馬になるのだろうか。最後に勝部さんに聞いてみた。

「人間でいえば肝っ玉母さんというよりも、子育てをしながら、家事や仕事もバリバリこなすカッコイイお母さんになるんじゃないかなって思います。前に担当していたスタッフがデアリングタクトのことを『女優の北川景子さんみたいな馬』って評していたみたいだけど、まさにそんな感じですかね。いい仔をたくさん産んでくれるいいお母さんになってくれると信じています」

周囲の大きな期待を背負いながら、デアリングタクトの名繁殖牝馬への道はまだ始まったばかりだ。

デアリングタクトの現在は？

- 岡田スタッドで繁殖牝馬に
- 肉付きがよく繁殖として理想的な身体を持つ
- のんびりとしておひとり様が好き

母として牧場ゆかりの大切な血脈を次世代へつなげていく
ユーバーレーベン

文／福嶌弘

父とは異なる青鹿毛で、凛々しい顔つきのユーバーレーベン。繁殖牝馬になっても手のかからない利口な馬だという。

繁殖牝馬は縦社会 新米ながらボスに君臨

「若駒のころから、どのスタッフが見ても手がかからない馬だったし、順調過ぎるくらいに順調だったからむしろネタがないくらい(笑)。それは今でも変わらないですね」

ユーバーレーベンの現在について、ビッグレッドファームの井澤瑞貴さんに話を伺うと、こんな答えが返ってきた。

豪快な末脚を武器に、2021年のオークスで白毛の桜花賞馬・ソダシに初めての黒星をつけ、サラブレッドクラブ・ラフィアンの所有馬として史上初のクラシックホースとなったユーバーレーベン。古馬になってからも牡馬相手に逞しく走ってきたパワフルな馬だったが、5歳の3月に左前脚に屈腱炎を発症して無念の引退。繁殖牝馬として生まれ故郷のビッグレッドファームに戻ってきた。

ターフに別れを告げて1年、現在のユーバーレーベンは井澤さんによると「ボス」

プロフィール

生年月日	2018年1月27日生まれ
性別	牝馬
毛色	青鹿毛
父	ゴールドシップ
母	マイネテレジア（母父：ロージズインメイ）
現役時調教師	手塚貴久
現役時馬主	サラブレッドクラブ・ラフィアン
戦歴	15戦2勝（海外1戦0勝）
主な勝ち鞍	オークス
生産牧場	ビッグレッドファーム（新冠）
現在の繋養先	ビッグレッドファーム（新冠）

現在までの軌跡

2020年6月にデビュー。早いうちからその素質と能力を見せていたが、牝馬クラシック戦線では桜花賞を使わず目標をオークスに切り替え、見事に優勝を果たす。古馬になってからは強豪相手に善戦を続けたが、屈腱炎を発症したこともあり、2023年3月をもって競走馬登録を抹消。その後は繁殖牝馬として生まれ故郷のビッグレッドファームに繋養されている。

2021年のオークスでは道中後方から外を回り、豪快な末脚で他馬を圧倒。関係者悲願のクラシック制覇を決めた。

写真／JRA

になったという。

「もともとおとなしい馬でしたが、繁殖牝馬として帰ってきてからもそれは変わらないんです。ただ、繁殖牝馬同士の中ではトップの位置に君臨するボスになりましたね。オークスを制した馬ならではの闘争心や脚力の強さが抜けているからこそでしょうね」

繁殖牝馬は群れで生活することが多く、その世界は完全なる縦社会。それだけにいわゆる新米ママであるユーバーレーベンは、先輩の繁殖牝馬たちとうまくやっていけているのか気になったが、その身体能力の高さと闘争心の強さで早くもボスの座に就いているというのだから恐れ入る。現在では、彼女と同じように現役引退後に繁殖牝馬として牧場に戻ってきた「ママ友」と2頭揃って放牧地にいることが多いという。そんなユーバーレーベンの佇まいは、「オークス馬ならではの女王の風格がある」とスタッフたちの評判になるほどだった。

女王ユーバーレーベンは、初めての付けの時もさすがの貫禄を見せた。繁殖牝馬にとって種付け作業は、普段とは異なる環境になるため、経験が少ない馬だと暴れてしまって鎮静剤を打たないと種付けそのものができないというケースがある。だがユーバーレーベンは初めての種付け時から落ち着いていて、お相手となった種牡馬を嫌がることもなかったという。二度目の種付けシーズンを迎えた

牧場に戻って脚がよくなってくると、放牧地を活発に駆け回るようになった。走るのが好きな性分で運動神経も抜群！

2024年の春もそれは変わらず、むしろ二度目となったことで前回よりも慣れた様子すらあったそうだ。

引退のきっかけが脚の故障だったため、ビッグレッドファームに戻ってきた当時は脚に負担がない程度に動いていたというが、次第に脚が良くなってくると活発に動くようになった。馬房から放牧地へ出る際には、我先にと放牧地に向かい、青草を食べながら運動をしている。若駒時代には、脚が埋まってしまうほどの大雪が降った日でも、放牧地を問題なく走り回っていたそうだが、今でもそうした面影が見られるという。

だが、元気いっぱいに放牧地を走り回った後、馬房に戻るのもユーバーレーベンが最初。これはどの繁殖牝馬よりも位が高い、ボスならではの特権だが、馬房に戻そうとして捕まえようとするスタッフから逃げ回る。ところが他の繁殖牝馬がスタッフに手綱を曳かれ出すと、すぐにその近くにやってきて、最初に馬房に戻すように催促し、馬房に戻ると用意された飼い葉をどの馬よりも早く平らげるという。このなんでも1番にこだわる様子はスタッフの間で話題になるほどで、癖が強いエピソードといえるだろう。

元気で食欲も旺盛 いいお母さんになる！

父のゴールドシップによく似ていると評され、現役時代からカイ食いがよかったというユーバーレーベン。一般的に牝馬は、「レース前後になるとストレスで食べなくなるケースが多い」といわれているが、彼女に至っては牧場で食が細くなることもなく、今でも現役時代と同様に飼い葉をよく食べる。走ることが仕事の現役時代とは異なり、繁殖牝馬は脂肪をしっかりと蓄えた母馬らしい馬体になることが求められる。そのため、現在の飼い葉は青草がメインとなるなど、現役時代とは内容が少々異なるが、それでも毎回ペロリと完食。その甲斐あって、今ではお腹回りがふっくらしてすっかりお母さんの身体になってきたという。とはいえ、それでも放牧地に行けば、現役時代さながらの運動神経の良さを見せるというから、持って生まれた身体能力がよほど高いのだろう。

お腹回りがだいぶふっくらして、すっかりお母さんの身体になってきた。放牧地では「ママ友」と一緒にいることが多い。

父からは食欲旺盛な面や美しい瞳を受け継いだユーバーレーベンだが、母のマイネテレジアとも毛色をはじめ、似た面はたくさんある。現役時代はロージズインメイ産駒の期待馬として、将来を嘱望されながら故障に悩まされ、3戦1勝に終わったマイネテレジアだったが、これまでに8頭の産駒がデビューしてすべて勝ち星を挙げている。しかもユーバーレーベンの3歳上の半兄マイネルファンロンは、2021年の新潟記念を制した現役の競走馬だ。井澤さんによると、

「顔が小さなところやカリカリしない気性面がよく似ている」

ということで、この母から受け継いだ気性が、オークスの長丁場でも折り合いを欠くことなく走れる要因となり、何事にも動じない精神的強さにもなっているのだろう。

父と母のそれぞれ優れたところを受け継ぎ、スタッフも手を焼くことがないというくらいの健康優良児だったユーバーレーベンは、その血を次世代に伝えるべく、2024年も種付けを終え、順調ならば2025年春に待望の初仔が生まれる予定となっている。オークスを制するほどにまで大成した馬の産駒となるため、当然ながら高い期待が寄せられるのは間違いないが……井澤さんは母となるユーバーレーベンの今後にこんなエールを送ってくれた。

「ユーバーレーベンはビッグレッドファームに初めてクラシックタイトルをもたらしてくれました。子どもが生まれてどんなお母さんになるかがすごく楽しみですね。まずは来年の春、無事に出産してほしいというのが1番の願いです」

ユーバーレーベンとその後ろをついてくる小さな仔馬の仲睦まじい姿が見られるかと思うと、2025年の春が本当に待ち遠しい。

ユーバーレーベンの現在は？

- ビッグレッドファームで繁殖牝馬に
- 新米ママながら同牧場の繁殖牝馬のボスに君臨
- 運動神経抜群でなんでも1番にこだわる性格

隻眼で生まれて

日高の牧場に片目が見えないハンデを背負って生まれたサラブレッドがいる。その名は福ちゃん。まだ小さく愛らしいこの牝馬は、これからどのような馬生を歩んでいくのだろうか。特別編として、大きな挑戦に臨む隻眼の牝馬と関係者の熱い想いをお伝えしていきたい。

文／治郎丸敬之　構成／緒方きしん

「ROUNDERS」編集長をはじめ、長らく競馬界と関わってきましたが、そんな僕が学生のころから憧れ続けたのが、馬主というポジションです。どこを入り口として馬主となろうか悩んだ末、馬産を開始。ノーザンファームの繁殖牝馬セールで競り落としたダートムーアを北海道の碧雲牧場に預けたのが、2021年11月1日のことです。

そこから「碧雲牧場からダービー馬を出す」という大目標を掲げつつ、試行錯誤を繰り返しながら挑戦を続けてきました。ダートムーアは祖母にダイナカールがいる良血馬。彼女自身はJRAで4勝を挙げている他、エンプレス杯・レディースプレリュードと交流重賞で3着に食い込んだ実績もあります。これまで活躍馬は出せていませんがポテンシャルは十分。まだまだこれからが楽しみな繁殖です。そして彼女にタイセイレジェンドを種付けし、無事に受胎が確認されると、あとは出産の日を待つばかり。一体どんな馬が生まれてきてくれるのか、胸は高鳴る一方でした。そして2024年2月29日、うるう年のその日に碧雲牧場から出産を報せる電話がありました。

「無事に女の子が生まれたのですが、目の病気のようで、左目が見えません」

想定外の言葉に、僕は言葉を失いました。獣医に診察してもらったところ、小眼球症という病気で、眼球が普通よりも小さく、光に対する反射がないとのこと。涙は普通に出ているようですが、光が見えていない。左目が失明した状態です。

「どうしますか？」

碧雲牧場の長谷川慈明さんが僕に問いかけます。生まれた牝馬を、これからどうするか――つまり、生かすか否か、という岐路に立たされたのです。

1年間、待ち望んだ出産の日。良血馬ダートムーアが産んだのは、片目のサラブレッドだった。生まれながらのハンデを背負いながらも、彼女は力強く立ち上がる。その姿を見ながら、周囲の人々は大きな決断を迫られる。

第2回（P88）に続く

第2章
新たな働き口を見つけた馬たち

マイネルホウオウ
コパノリチャード
エアスピネル
ウインクリューガー
ベルーフ

年齢を感じさせない美しい栗毛が印象的な現在のマイネルホウオウ。東京競馬場で誘導馬として活躍中だ。

写真／宮原政典

現役時代も今も晴れの舞台はNHKマイルC

マイネルホウオウ

文／不破由妃子

性格は生真面目で何事にも一生懸命

「ホウちゃん、ホウちゃん」

担当の志村寿彦さん（東京競馬場　業務課 乗馬普及係長）がそう声をかけると、穏やかな目をした1頭の栗毛が馬房からゆるりと顔を出す。

2018年から東京競馬場の乗馬センターでセカンドキャリアを送っている、2013年のNHKマイルC勝ち馬・マイネルホウオウだ。

2017年11月のキャピタルSを最後に現役を引退。その後は日高育成牧場で乗馬用にリトレーニングされ、3歳春に自身が頂点を極めた東京競馬場に〝再就職〟を果たした。

以来、毎年NHKマイルCの誘導馬を務め、2020年の日本ダービーでは、サクセスブロッケンと共にその大役を担ったことも話題に。今やその道のベテランともいうべき存在だ。

「競走馬のころは『走れ走れ』と教えられてGIまで勝った馬を、今度は『走るな走るな』ですからね。つまり、競走馬の時代とは真逆のことを求められるわけですが、ホウオウは最初からすごくおとなしくて、本当に穏やか。まぁちょっと頑固だなと思うところはありますけど」

若駒時代は、手をつけられないほどヤンチャな時期もあったと聞くマイネルホウオウ。やはりその名残が!?

「いえいえ、手を焼かせるようなことは最初からありません。頑固というか、生真面目な感じで（笑）。指導者の言葉に反応して、とにかく一生懸命動こうとするんです。こちらとしては、『そこまでやらなくてもいいよ』という時もあるのですが（苦笑）」

ホウオウの役割は誘導馬だけではない。東京競馬場の乗馬センターには、一般の会員も通ってくるし、小学5年生から高

2013年のNHKマイルCで10番人気の低評価ながら、ゴール前の大接戦を制してＧⅠ制覇を飾った。レース後の鞍上の柴田大知騎手の男泣きも印象的だった。

写真／宮原政典

プロフィール

生年月日	2010年4月23日生まれ
性別	牡馬
毛色	栗毛
父	スズカフェニックス
母	テンザンローズ（母父：フレンチデピュティ）
現役時調教師	畠山吉宏
現役時馬主	サラブレッドクラブ・ラフィアン
戦歴	28戦4勝
主な勝ち鞍	NHKマイルC
生産牧場	ヒカル牧場（新冠）
現在の繋養先	東京競馬場（東京都・府中市）

現在までの軌跡

2012年6月にデビュー。2歳時に2勝を挙げ、3歳初戦のOPも快勝。皐月賞の優先出走権も得ていたが、陣営は目標をNHKマイルCに定め、本番は10番人気の低評価を覆して勝利する。しかし秋シーズンを前に屈腱炎を発症して長期休養。復帰後は勝ち星を挙げることができず7歳で引退。その後は乗馬を経て2018年から東京競馬場で誘導馬となる。

校3年生までを対象とした乗馬スポーツ少年団もある。それらのレッスンでも乗馬として活躍しているわけだが、

「一般クラスでも少年団でも、まだちょっと技術が足りないかなという方がいるんですけど、そういう方が乗った時も、真面目なホウオウは速く走ってしまう。とにかく一生懸命仕事をしようと頑張っている感じです」

また、排せつにもホウオウならではの流儀があるという。

「走りながらでも平気でボロをする馬がいますが、ホウオウの場合、運動中はほとんどしません。そのかわり、仕事が終わって帰ってくると、すぐにボロとおしっこをします。仕事中だと理解して、緊張感を持って取り組んでいるのかもしれませんね」

確かに少々生真面目ではあるが、このオンとオフの切り替えはお見事の一語。同じ〝働く生き物〟として、見習うべき美点である。

誘導馬として安心して送り出せるベテラン

志村さんによると、現在ホウオウが誘導馬としてファンの前にその姿を見せるのは年に一度、NHKマイルC当日のみだという。誘導馬として、もっとコンスタントに登場しているのかと思いきや、ホウオウには競馬開催日ならではの大事

な仕事があるとか。
「他の誘導馬がケガをしたりして、どうしても使えない場合はホウオウに代わりを務めてもらうこともありますが、誘導するのは基本的にNHKマイルCくらいです。平日の午前中は、乗馬センターの

マイネルホウオウの今の役割は誘導馬。レース出走馬を本馬場まで先導するのが仕事だ。

写真／宮原政典

一般会員や少年団の乗馬レッスン、開催日やパークウインズ（開催は行っていないが、場外馬券売場として開放している競馬場）時の土日は、試乗会の方に出てもらっています」

志村さんのいう試乗会とは、競馬ファンをはじめ、休日に憩いの場として東京競馬場を訪れる人々などを対象とした乗馬体験だ（暑熱対策で夏場は休止）。

「誘導馬の場合、乗馬の技術がある人間が乗るので、ちょっと馬が暴れても大丈夫なのですが、試乗会となるとそうはいかない。東京競馬場では、階段が上れる方であれば誰でも受け入れているので、小さなお子様からご年配の方まで、いろいろな方が乗りに来られます。だから、ちょっと暴れるの〝ちょっと〟が許されないんです。ホウオウは、その試乗会でも重宝されている馬なんです。1年に1回、NHKマイルCで誘導馬を務めて、その後の開催日は試乗会で活躍する。そういう働きをしている馬は、ホウオウ以外にあまりいません」

真面目で穏やかなホウオウは、まさにオールラウンダー。JRAホームページ内の誘導馬紹介コーナーで、『頼れるオールラウンダー　誘導もふれあいもドンとお任せください。この調子で進め出世街道！』と紹介されていたが、なるほど、こういうことかと合点がいった。

ちなみに、先の乗馬体験イベントは、GIの日などはとくに人気で、まずはJRAの競馬場イベント参加アプリから応募した後、抽選になるとのこと。

「現在、ホウオウを含めて試乗会で使える馬は5頭。1頭に応募が偏るとその馬が疲れてしまうので、お客さんに選んでもらうことはできないのですが、どの馬に乗れるのかも楽しみのひとつとしてご参加いただければと思っています。中には当日、『マイネルホウオウがいるの!?』『乗れるの!?』と驚いている方もいらっしゃいますよ」

そういえば、先に紹介したホウオウのキャッチフレーズの中に、もうひとつ気になるフレーズがある。「この調子で進

め出世街道！」――誘導馬にも出世や序列がある!?

「いやいや、人間が勝手に考えただけです。一時期、誘導馬それぞれの名刺を作って配ったりもしていたんですよ。その時にも、勝手に課長とか部長とか役職を決めたりして(笑)。だから、序列はありませんが、やっぱり安心して送り出せるベテランは何頭かいます。もちろんホウオウもその1頭です。ホウオウも、もういい年ですからね」

8歳で誘導馬デビューを果たしたホウオウも、2024年の4月で14歳になった。ある程度の年齢になると、やはり誘導馬も引退を迫られるのだろうか。

「とくに何歳までとか決まりはないんですけどね。ただ、JRAの施設で最後まで見てあげるというのは、なかなか難しいのが現実です。ですから、ある程度の年齢になったら、できるだけ元気なうちに次に送り出してあげたい。やはり馬というのは、乗っていると愛情が湧くもの。だから、元気に人を乗せられるうちに、巣立っていってくれたらいいなと思っています。これだけ活躍してくれたホウオウですから、僕らの手を離れたとしても、かわいがってもらいたいから」

こちらの話をこっそり聞いていたのか、「だったらなんかちょうだいよ」とばかりに前掻きを始めたホウオウ。さては食いしん坊なのかと思いきや、

「かわいいからついついニンジンをあげちゃうんですよね。僕からもらえるのがわかっているから、甘えてくる(笑)。そうそう、馬房の中にヒマラヤ岩塩を置いてるんですけど、この子はめっちゃ舐めますね。見向きもしない馬もいますけど、ホウちゃんは岩塩が大好き」

ふと馬房を見ると、志村さんの動きを目で追い続けているマイネルホウオウの姿があった。一生懸命に仕事をした後は、こうして毎日、志村さんとやさしい時間を過ごしているのだろう。

マイネルホウオウ

担当の志村さんが来ると、何かもらえるんじゃないかと馬房から顔を出す。かわいくて志村さんもついついニンジンをあげちゃうんだそう。

写真／宮原政典

マイネルホウオウの現在は？

- 東京競馬場で誘導馬になっている
- 乗馬体験の試乗会でも大活躍
- 頑固で生真面目な性格

飛行機ポーズで有名なGI馬の第3の馬生は乗馬

コパノリチャード

文／大薮喬介

想像していたのと真逆 思春期のツンデレ少年

人を威嚇するのではなく、ちょっかいをかけてくるというコパノリチャード。

北海道新冠町にある「にいかっぷホロシリ乗馬クラブ」は、初心者でも森の中で本格的なホーストレッキングができる人気スポット。日本有数の馬産地だけあって、在籍する馬のほとんどが元競走馬というのが特徴でもある。2014年の高松宮記念優勝馬コパノリチャードも、2021年に種牡馬を引退した後、ここで乗馬としての第3の馬生を送っている。

「GI馬というのもありますが、高松宮記念のゴール前で、デムーロ騎手が飛行機ポーズをやったのを覚えている方がけっこういて、それでよく指名されますね。乗馬の最後に写真を撮るんですけど、『飛行機ポーズしていいですか』っておっしゃるお客様もいます(笑)」

そう語るのはコパノリチャードがホロシリに来た時から担当している吉田真理さん。実家がマイネルホウオウの生産牧場で、同馬が2013年のNHKマイルCを勝った際、逃げていたのがコパノリチャードだったという縁がある。

「現役の頃の記憶は『あの時に逃げていた馬だよね』くらいで。もちろんGIを勝っていますから、ここに来る前から名前は知っていましたけど……」

強く印象に残っているわけではなかったが、現役中は気性が荒かったと聞いていた。そのため、小さな頃からサラブレッドが身近にいて、小学校から高校まで馬術をしていた吉田さんでも、対面するまでは不安だったそうだ。

「気性の荒いダイワメジャー産駒ですし、正直大丈夫かな、怖いなって心配し

2014年の高松宮記念は、不良馬場で相当時計のかかるコンディション。そんな状況をものともせず、先行して3馬身のぶっちぎり勝ち。

写真／宮原政典

プロフィール

生年月日	2010年4月15日生まれ
性別	牡馬
毛色	黒鹿毛
父	ダイワメジャー
母	ヒガシリンクス（母父：トニービン）
現役時調教師	宮徹
現役時馬主	小林祥晃
戦歴	22戦6勝（地方1戦0勝）
主な勝ち鞍	高松宮記念、スワンS、阪急杯、アーリントンC
生産牧場	ヤナガワ牧場（日高）
現在の繋養先	にいかっぷホロシリ乗馬クラブ（新冠）

現在までの軌跡

2012年11月にデビュー。4戦目に重賞を勝利し、ＧＩへと駒を進めたが2戦とも惨敗。しかし秋に古馬相手にスワンＳを快勝すると、翌年春には高松宮記念でＧＩ初制覇を飾る。だがそれ以降は勝ち星を挙げることなく5歳いっぱいで引退。その後レックススタッドで種牡馬となるが、2021年に乗馬へと転向した。

ていました。でも、実際に会ったら『あれっ⁉』って。おとなしかったんですよ。かといって人懐っこいわけでもなく、ポワンとしている感じで。猫かぶってるのかなって最初はずっと疑ってました（笑）」

種牡馬時代を知るレックススタッドの関係者も、ホロシリに来てからの豹変ぶりに驚いたという。

「『こんなにおとなしくなるの⁉』っておっしゃっていましたね。去勢したのが大きいとは思うんですが、環境もあるかと。初めていらっしゃる方が多いので、ずっと厩舎にいると元気があり余っちゃう。だから昼夜放牧をかけてるんですね。なのでいい感じにストレスも発散できるし、ほんのり疲れてるっていうのもあっておとなしいんだと思います」

種牡馬の時は、ケガをしないように他馬と一緒に放牧をすることはあまりなかった。本来は群れを作って行動する生き物だけに、より自然に近い過ごし方をしている、というのもおとなしくなった要因かもしれない。ただ鞍やハミをつけようとすると噛んでくる、やんちゃな面を見せることもあるそうだ。

「威嚇するというよりは『はむっ』て、ちょっかいかけてくる感じです。今もありますけど、人に向かって攻撃をしてくるとかではないですね。デレデレしてくるわけじゃないけど、構ってきてほしい時は構ってくれよみたいな。まるで思春期の少年のような感じです」

厩舎にいると元気があり余ってしまうため、ストレス発散も兼ねて、1日の多くを放牧に出している。

最初の愛称は『リチャードドン』。今は省略されて『ドン』と吉田さんに呼ばれているコパノリチャードは14歳（２０２４年時点）。年々おとなしくなってさらに扱いやすくなったが、馬体的にもまだまだ若く、衰えは感じられないという。

「おっとりしていて、鞍をつけてお客様を待ってる間に寝ちゃうんですよ。よく熟睡してコックリコックリしてます。なので、お客様が乗る時には暴れることもなく、ポワーンと歩いています。『そんなに眠たいの？』って（笑）。乗馬の世界だと20歳とか普通にいて、ドンはこれからなので、できることを増やし、初心者の方も含めて、いろんな方に乗っていただくことを目標に日々調教しています」

根気強く繰り返して やっと気づいてくれた

繁忙期には、在籍馬たちもフル回転し、ホーストレッキングに何度も出るという。ドンの最高は1日7回だそうだ。

「もちろん毎日ではないですよ。ただ指名が多いので、回数が多い時もあります。そうすると馬も疲れるので、飼い葉を増やしたり、放牧に出さずに厩舎で休ませたり、体調をケアしつつ管理しています。ここの仔たちは自分たちでご飯代を稼いでくれているんですよ」

サードキャリアとして乗馬に転身してからも大活躍のドンは、覚えがよく、乗馬デビューも遅くはなかった。

「お客様に出せるようになったのは早かったと思います。２０２１年の7月に入厩して、その年の秋には経験者を乗せて、外乗（牧場の外へ馬に乗って散歩へいくこと）に行っていました。翌年の夏には初めての方が乗って、森に散歩にいけるぐらいにはなっていましたね」

競馬と乗馬とでは動きもスピードも違うので、すぐに転身できるほど簡単ではない。基本的には時間と根気が必要だ。

「競走馬は速く走るように調教されていますから、今度はいかにゆっくり、そんなに急がなくていいんだよって、繰り返し繰り返し教えていきます。あとは馬術を取り入れて障害物を跳んだり、斜めに歩いたりもしますね」

乗馬クラブにやってくる人たちの乗馬経験は千差万別。当然初心者もいるので、安全でなければならない。そのためには馬術の技術を身につけ、乗り手のさまざまな合図に対応できるようになっていることも大事な要素なのだ。

「難しいことはまだできないですけど、初歩的な馬術はずっと練習しているの

ひとつひとつ乗馬のレッスンを重ねて、、必要な技術を身につけている真っ最中。もの覚えはよいという。

で、少しずつできるようにはなってきています。だけど、頑固なのでドン自体が。『嫌だ俺はその動きを知らない』みたいな（笑）。たまに機嫌を損ねると動かなくなったりっていうのはありますね」

馬術には三歩様があり、常歩（なみあし）→速歩（はやあし）→駈歩（かけあし）の順でスピードが速くなる。とはいえ、もっとも速い駈歩でも時速20キロ程度。競馬の平均60キロに比べるとかなり遅い。

「駈歩で走ろうとするとグンとは行きますね。速歩までは直って、ゆっくり走れるようになったんですけど、駈歩になると血が騒ぐのか、まだストライドが広いです。1列になって散歩するのは問題ないですし、経験者も普通に乗れます。ただ、乗り手のレッスンとなると、初心者コースはまだ難しいかもしれません」

馬術競技会に出る予定はないが、出られるような技術を身につけておけば乗馬の練習にもなるので、調教を続けている吉田さんとドン。ただ覚えはよいのだが、ひとつだけ苦労したことがある。

「左手前の駈歩が一切出なかったんです。何度左の扶助を出しても、右手前の駈歩しかしなくて……。こんなこと言ったらダメなんですけど、当時は泣きそうになりながら調教していましたね。だからといって、できないで終わらせるわけにはいかず、2時間ずっと同じことを繰り返すという……。4カ月か半年ぐらい経ってかな。どっちも普通に駈歩が出るようになったのは」

左手前で駈歩が継続できたら、すぐに調教を終わらせるということを吉田さんは何度も何度も繰り返した。その結果、ある時ドンがわかったのだという。

「これをやったら調教を終われると気づいたんでしょうね。そこからは早かったですよ。『もうどうしてお前はこれに気づかなかったんだ』って思いました。本当に長かったです（笑）」

コパノリチャードのことを相棒であり、手のかかる子どもと表現する吉田さん。指名してくれる人をいつでも迎えられるように、今日も彼女に叱咤激励されながらドンは調教に励んでいる。

コパノリチャードの現在は？

- にいかっぷホロシリ乗馬クラブで乗馬に
- 飛行機ポーズで有名 乗馬指名多数の人気者
- デレデレしてこないがたまにかまってちゃん

エアスピネル

重賞3勝のオールラウンダーが与えられた新たな役割

文／秀間翔哉

エアスピネルの姿には、良血のサラブレッドが醸し出す佇まいがにじみ出ている。

写真／秀間翔哉

乗馬でもセラピーホースでもないレアなお仕事

「年老いた感じは一切ないですね。馬体も緩んでないですし、まだまだ（現役でも）通用するんじゃないでしょうか」

そう言って笑うのは、佐久間拓士さんと妻の亜樹さん。佐久間さんは茨城県阿見町にある「うまんまパーク」の代表であり、重賞3勝馬エアスピネルの現オーナーである。9歳まで走り続けたエアスピネルは今、この地を訪れる人たちとふれあい、かわいがられながら穏やかな第2の馬生を送っている。乗馬やセラピーホースではなく、あくまで「ふれあい、かわいがられる」馬というのは、珍しいケースといえるだろう。

エアスピネルは引退直後、北海道の牧場で余生を過ごす予定だった。しかし諸般の事情からそれが困難になった際、〝エア軍団〟の吉原オーナーから佐久間さんに声がかかった。うまんまパークの母体でもある育成休養牧場リヴァティホースナヴィゲイトの預託部門で、競走馬時代のエアスピネルを預かっていた縁である。

「ちょうどうまんまパークを開設しようとしていたことをお伝えすると、吉原オーナーから『それだったら面倒を見てもらえないか』と言われたので、『ぜひ！』と。少しでもタイミングが違っていたら、せっかく声をかけていただいても受け入れられる体制がなかったですし、本当にちょうど良かったです」

現在は週に数日程度、トレッドミルや簡単な騎乗運動をして身体を調えながら、さまざまなふれあいイベントに参加しているというエアスピネル。彼を目当てに訪れるファンは多く、放牧地のサンシャインパドック周辺はいつも人が絶えない。入場と共に渡されるバケツいっぱいのおやつを、すべてエアスピネルにあげてしまう人もいるというのだから、その人気

2017年のマイルCSではムーア騎手を配したものの僅差の2着。重賞3勝の実力馬にしてGⅠの頂にあと1歩届かなかった。

写真／宮原政典

プロフィール

生年月日	2013年2月10日生まれ
性別	牡馬
毛色	栗毛
父	キングカメハメハ
母	エアメサイア（母父：サンデーサイレンス）
現役時調教師	笹田和秀
現役時馬主	ラッキーフィールド
戦歴	34戦4勝（地方5戦0勝）
主な勝ち鞍	デイリー杯2歳S、京都金杯、富士S
生産牧場	社台ファーム（千歳）
現在の繋養先	うまんまパーク（茨城県・阿見町）

現在までの軌跡

2015年9月にデビュー。2戦目でGⅡを勝ち、続くGⅠ朝日杯FSでも2着し、一躍クラシックの主役候補となる。しかし本番ではいずれも善戦はするものの勝利には届かず。古馬になってからはマイル路線を進み、GⅠで2着こそあったがGⅢ2勝にとどまる。その後、ダートにも活路を求めたが善戦マンぶりは変わらず。9歳まで現役を続けて引退し、乗馬となった。

ぶりは顕在である。

「ありがたいことにたくさんの手紙やお守り、ニンジンなどが『エアスピネル様』宛で届きます。グッズを身につけてエアスピネルまみれで来てくれた方もいますし、わざわざ九州からこの仔に会いにいらした方もいました」

うまんまパークでは在籍馬への寄附も募っているが、毎月必ずエアスピネルに寄附してくれるファンもいる。その返礼品になっている実使用の蹄鉄は、他馬が前肢2本しか履いていないのに対して、エアスピネルは現役の時と同じく前後肢4本に装蹄と、少しでも早く返礼できるような体制を作ろうとしているが、それでも供給が追いつかずに数カ月待ちになっているほどだ。

ついにGⅠを勝つことはできなかったエアスピネルだが、彼が駆け抜けた7年間の競走生活は、全国に彼を想うたくさんのファンを作った。一部では「種牡馬エアスピネル」の姿を見てみたかったという声もあるが、種牡馬にならなかったことでこそ、彼の素顔を見守ることのできる距離感が実現したともいえる。

普段のエアスピネルの身の回りの世話をする松浦友美さんも、エアスピネルとファンとの交流に目を細める。

「馬房の中ではここ（馬房の入り口から見て右）で、扉側にお尻を向けてボーッとしているのが〝スピ〟の定位置です。ここに来て、首を振ったりするとお客さんた

馬体も緩むことなく雰囲気はまだまだ現役のまま。毛ヅヤもピカピカで体調もすこぶるよいそうだ。

写真／秀間翔哉

ちがおやつをくれることを学んだみたいです。隣の馬がパドックから首を出したらおやつをもらえているのを見ていて、それもやるようになったし、頭が良いんです」

ファンからたくさんのおやつをもらって、去勢もすんでいるとなれば、ふっくらとしてきそうなものだが、馬体は決して緩むことなく、あのころと変わらず柔軟性に富み、質の良い筋肉が身体を覆っている。さらには毛ヅヤも良く、体調の良さが一目でわかるほどだ。その姿には佐久間さんも「さすが素質馬、エリートです」と太鼓判を押す。

乗馬となるためのリトレーニングも受けているエアスピネルだが、決してピッチを上げて進めているわけではない。その理由は2つある。ひとつ目は今も変わらぬ馬体とそのパワフルさ。そして2つ目は、彼自身の性格にある。

「普段は飼い葉もたくさん食べますし、立ち振る舞いもどっしりしています。そうした表面的な部分だけではあまり見えてきませんが、実は現役時代からとても繊細なタイプ。普段から神経質で、気持ちが高ぶりやすい馬だったんです」

芝・ダート、中央・地方、さらには馬場状態も距離も異なるさまざまな条件で堅実に走り続けた現役時の姿からは想像しにくが、エアスピネルは大きな音などに驚くタイプだという。他にもビニールが飛んでいたり、傘が開いたりすると、過敏に反応してしまうところがある。

「現場で携わっていた身からすると、もしかしたらそういう繊細なところが、彼の『あとちょっとのところで……』ともどかしくなるような、レースでの詰めの甘さにつながってたのかな、と思うことがあります。もっと良い意味で〝ザル〟だったら、周りを気にしたりせずに、ビュッと行けたんじゃないでしょうか」

去勢をしたことで少しは落ち着きが出てきたというエアスピネルだが、本質的な性格が大きく変わることはない。乗馬への転用となれば、その道のプロだけを乗せてきたこれまでとは違い、経験の浅い人も乗せていかなければならない。周辺の変化に過敏に反応してしまうエアスピネルに現状の筋肉量があることを考慮すると、騎乗者の安全を確保するのが難しいというのが本音だ。

「私たちが乗る分には問題はないんです。ただリトレーニングのプロが乗っても手こずるくらいすごくパワフルな動きをするので、お客さんを乗せて何かイレギュラーなことが起こったら対処するのが難しいんじゃないかなと、リスクを回避している現状です」

運営する側としては事故やケガだけは避けなければいけない。佐久間さんとしてもそこがクリアできるようになれば、ファンに乗ってもらう機会を作りたいとは考えている。ただ同時に、「ふれあい、かわいがられる」馬としてのエアスピネルの充実ぶりを見て、急いでリトレーニングを進める必要もないと感じているのも事実だ。2023年4月にオープンしたばかりのころは、うまんまパークを乗馬を楽しめるような施設にすることも選択肢のひとつだったが、あえてそうしたこだわりは避けた。

「当時は自分自身も、うまんまパークの方向性をはっきりすることができずにいました。ただ、そもそものコンセプトが『馬に親しんでもらいたい』『ふらっと来て馬にふれあってもらいたい』でしたから、無理にそこにこだわらなくても良いかなと。そこで今のエアスピネルの在り方に辿り着きました」

エアスピネルのファンをはじめとしたうまんまパークを訪れる人々が、純粋に馬とふれあうことができるこの空間を喜んでくれているという実感がある。だからこそ、無理をしてまで乗馬にこだわるつもりもない。

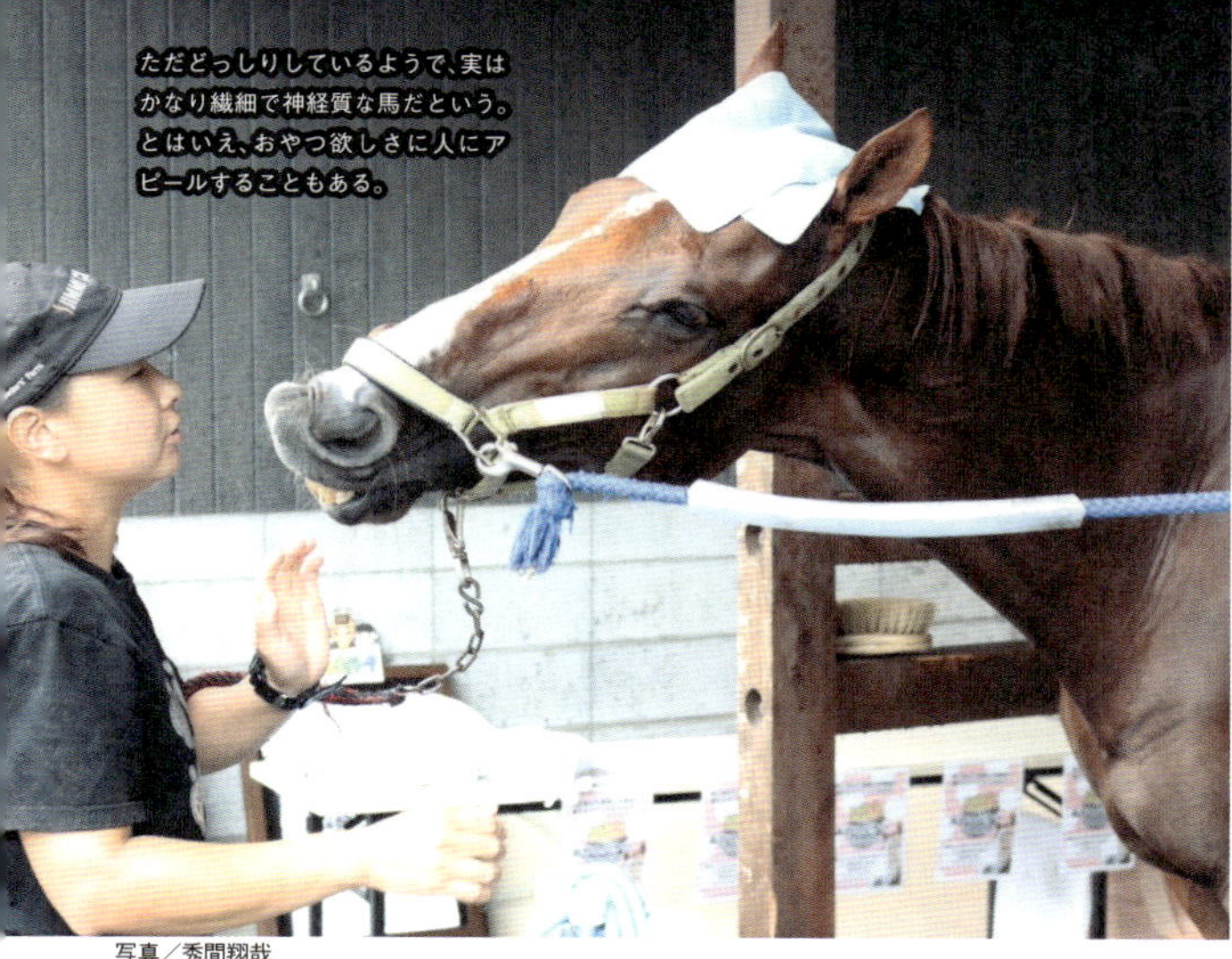

ただどっしりしているようで、実はかなり繊細で神経質な馬だという。とはいえ、おやつ欲しさに人にアピールすることもある。

写真／秀間翔哉

「引退競走馬の第2の馬生を考えた時に、せめて自分の所有馬だけでも最後まで面倒を見てあげたいと思って作ったのが、このうまんまパークです。我々が唯一の正解とは思っていませんが、馬に携わる人々が各々、馬たちのセカンドキャリアに目を向けて、理解して、行動に移していかないといけないと思うんです」

佐久間さんの熱い想いのそばで、種牡馬でも乗馬でもないキャリアを歩み始めたエアスピネル。ファンとの交流に忙しい日々だが、その表情からは現役時代にはなかった穏やかさが感じられた。

エアスピネルの現在は？

- 茨城県阿見町のうまんまパークでセカンドキャリアを送っている
- 遠方からわざわざ会いにくる人がいるほど熱狂的なファンが多い
- とても繊細で神経質な馬

野馬追の里に受け入れられた良血のGⅠ馬

ウインクリューガー

文／大薮喬介

24歳とは思えないほど若々しい馬体を保持しているウインクリューガー。

写真／大薮喬介

去勢されても変わらず3年もかかった曲者

ダノンデサイルが優勝した日本ダービー当日の朝、24歳になるウインクリューガーは福島県南相馬市の街中を騎馬武者を背に行進。国の重要無形民俗文化財にも指定されている祭礼「相馬野馬追(そうまのまおい)」の神事のひとつ「お行列」に参加していた。

「この日は往復8キロ。今年は馬運車の運転手がいなくてね。スタートしてそのまま家に帰ってきたんだ。カリカリするわけでもなく、馬がわかってるんだよね。お行列の時は」

と話すのは、西町ホースパーク代表の高倉豊光さん。南相馬市では野馬追に参加するため、個人で馬を所有している家が一定数ある。高倉さんも同様で、幼いころから馬が身近にいる環境で育った。すでに乗馬歴は40年以上の熟練者だ。そして、ウインクリューガーにとっての救世主でもある。

2003年に9番人気の低評価を覆してNHKマイルCを優勝し、タイキシャトル産駒として初めてGⅠを制覇。その後は勝ち星こそ挙げられなかったが、母方の従兄弟にディープインパクトやブラックタイドがいる良血ということで、引退後は種牡馬として第2の馬生をスタートさせた。

ところが2015年に繋養先の日高スタリオンステーションの年内閉鎖が決まってしまう。他馬が次々と余所に引き取られていく中、ウインクリューガーの移籍先は決まっていなかった。

「2頭ほど行き場所を探していて、全部引き取ってくれないかというんだ。しかも、閉鎖まであと3日しかないって。閉鎖でお金もないから、搬送も全部こっちの負担だってね。さすがに2頭引き取るのは難しいから、まずは顔写真を送って

2003年のNHKマイルC。ウインクリューガーは16番枠からスタートし、道中2番手につけると直線は内めから抜け出し、そのまま押し切って勝利を飾った。

写真／宮原政典

プロフィール

生年月日	2000年2月13日生まれ
性別	牡馬
毛色	栗毛
父	タイキシャトル
母	インヴァイト（母父：ビーマイゲスト）
現役時調教師	松元茂樹
現役時馬主	ウイン
戦歴	34戦5勝（地方1戦0勝、障害2戦1勝）
主な勝ち鞍	NHKマイルC、アーリントンC
生産牧場	橋本牧場（静内）
現在の繋養先	西町ホースパーク（福島県・南相馬市）

現在までの軌跡

2000年10月にデビュー。6戦目に重賞勝ちを飾り、8戦目のNHKマイルCでＧⅠを制覇。その後は短〜中距離の重賞戦線を中心に使われるも勝利を挙げられず、7歳で障害に転向しそのデビュー戦を圧勝する。しかし続く障害重賞で故障を発症し、現役を引退。2008年より種牡馬として供用されていたが、繋養先の牧場が閉鎖となり、野馬追の町・南相馬にやってきた。

くれって言ったんだ」

高倉さん曰く、顔を見ると素直かどうかすぐにわかるそうだ。写真を確認して即断即決。端正な顔立ちだったウインクリューガーを引き取ることにした。

「そもそも種牡馬は危ないんだよ。レースしか知らない競馬を上がったばかりの馬の方が楽。種牡馬は馬であって馬ではないんだ。においに敏感で、すぐに興奮状態になって暴れるわけ。牝馬のにおいは当然として、人間のにおいでも、牡馬のにおいでもそう。豹変するから」

種付けするためには興奮させなければならない。それを繰り返せば、スイッチは入りやすくなる。ウインクリューガーも当初は同様の危険をはらんでいた。

「実は種牡馬を引き取ったことがあるから扱い方を知っていたんだ。それにあの時はここに1頭しかいなかったから、もう1頭くらいいいかなと思ってね。で、忘れもしない2015年の12月20日にやってきたんだ。そりゃバンザイさ。GI馬で種牡馬だった馬なんて普通来ない。それと同時にやっぱりなとも思ったよ。種牡馬は変わってるから性格も」

馬は一度覚えたことは忘れない。だから種牡馬を乗馬などにする時は、おとなしくなる効果があるという去勢を施すことが多々ある。ウインクリューガーも移動してすぐに去勢されたが、性格はそのままだったそうだ。

「普通はその年でコロッと変わるはずだ

相馬野馬追でお行列に参加しているウインクリューガー(左)。野馬追が近づくと朝4時半から訓練を始めるそうだ。

けど、3年かかった。曲者だったね。でも変わっているけど素直なんだよ」

高倉さんのいう素直とは、人間が嫌いなわけではなく、嫌がることをしなければおとなしいということ。高倉さんは馬を扱うのに長けている。潜在的な性格を見極め、乗りこなせる自信があったのだ。

ウインクリューガーは、翌年の3月から相馬野馬追に合わせて乗り始め、お行列に参加している。中央平地GI馬としては初のことだった。

愛情を一身に受けて馬体は現役時のまま

普段は1日中放牧されているが、野馬追が近づいてくると、高倉さんとウインクリューガーは朝4時半から調教を始めるそうだ。

「私はだいたい野馬追の4カ月前から始めます。年齢を重ねるたびに足腰が弱ってきているから、今は駈歩はやらなくて、速歩でじっくりじっくり乗っています。足腰がしっかりしてないとお行列はできないからね」

最初のころ、手綱から伝わってくるレベルの高さから、草競馬に出してみようかと考えたこともあったという。しかし、結局そうはしなかった。

「種牡馬時代にやったものだろうけど、左後肢に大きな傷跡があって、そこに不安があるのもだし、それよりも無茶なことはもうしなくてもいいかなって。競馬からもずいぶん離れていたしね。野馬追の『甲冑競馬(1周1000メートルの速さを競う神事)』も勝てる自信はあったけどやらなかった。『神旗争奪戦(打ち上げられた花火の中から落ちてくる御神旗を争奪する神事』も少し考えたけど、ここだという時に止まらないから、出すのをあきらめたよ」

20歳になるまでいろいろと試したが、列をなして歩くことは問題なかったものの、競走馬の血が騒ぐのか、走り出したら止まらない、後ろから馬が走ってくるとスイッチが入って走り出そうとするなど制御が利きにくいところがあった。

「今もそれは変わらないよ。だいぶ穏やかになったけどね。飛び乗りした時もすぐに走っていってたのが、今はトコトコ歩いてくれるようになった。でも、待ってはくれない(笑)。野馬追の時はもうひとりいるから動かないようにできるけど、普段はそうはいかないからね。でも、乗り運動する時は従順なんだ。腹を触る合図を出すと止まるようにもなった。以前

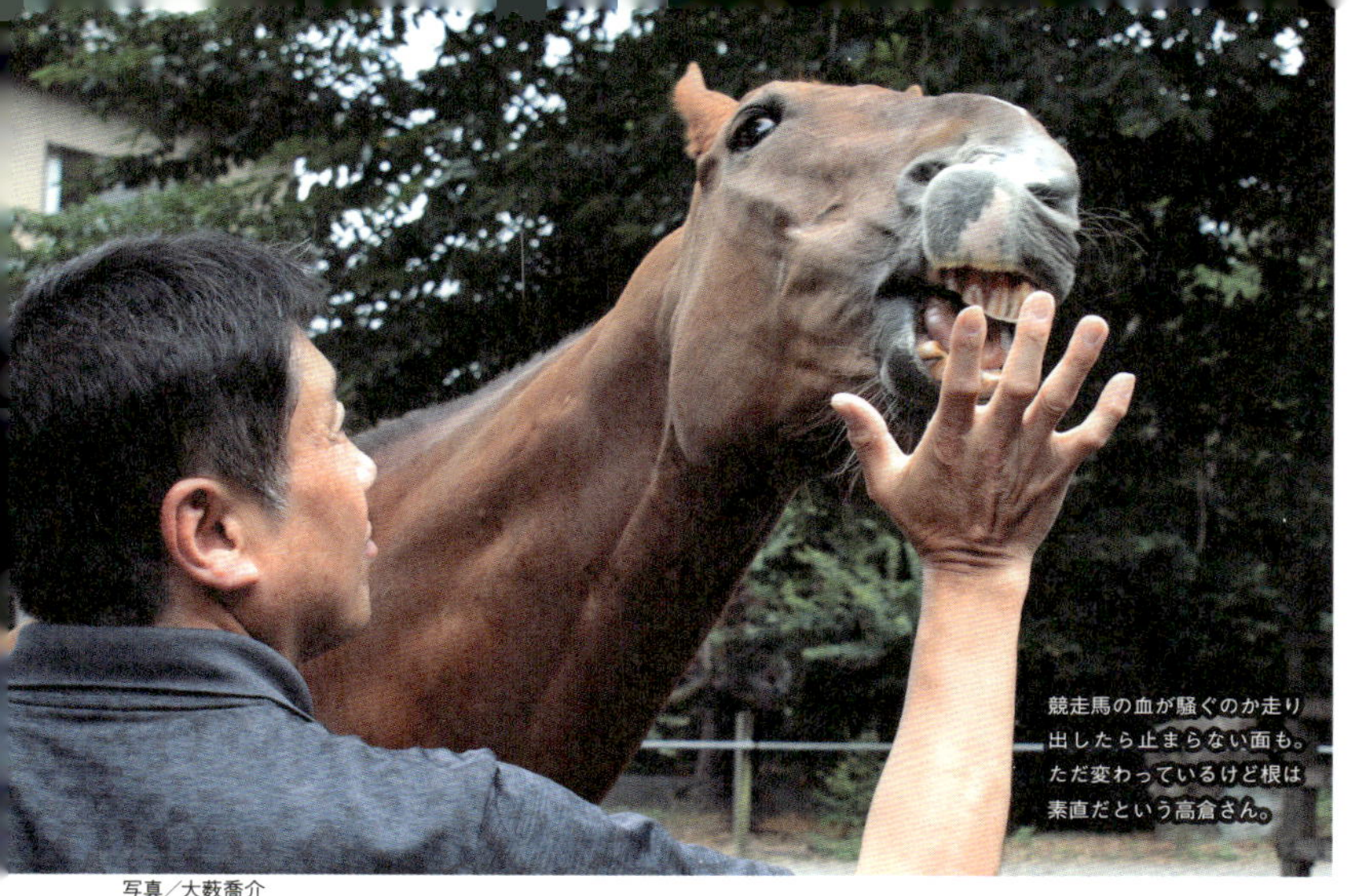
競走馬の血が騒ぐのか走り出したら止まらない面も。ただ変わっているけど根は素直だという高倉さん。

写真／大藪喬介

はその合図でサーッと行ってたから、合図を出すのも怖かったんだよ。やっと普通の乗馬馬になってきたね」

以前は西町ホースパークに、馬はウインクリューガーの他に2頭いたが、現在は人に譲って、高倉さんとウインクリューガーだけになった。高倉さんは親しみを込めて「クゥ」と呼ぶが、3年目に尻っぱねを6連発食らって落馬し、全治6カ月の脊椎圧迫骨折をしたことがある。別の日には高校のグラウンドで横っぱねされたこともあれば、洗い場で大暴れされた日もあった。大変だったろうが、高倉さんはいい思い出とばかりに笑顔で話す。今では無口を使わず、曳き手だけで馬房の出し入れができるほどの信頼関係が構築されている。

また、1日に1回限定のルーティンとしてクゥは砂浴びをする。普通は背中だけだが、クゥの場合は左右に転がって、顔までこすりつける独特なものだそうだ。当然、高倉さんは砂を洗い落とさなければならない。それが大変だと口では言っているが、その表情はとてもうれしそうである。

愛情を一身に受けているせいか、クゥの馬体は若々しく24歳とは思えない。現役の競走馬と言っても過言ではないほどだ。数多くの馬を引き取ってきた高倉さんも、これだけ長寿の馬と過ごすのは初めて。だから最後まで面倒を見ると気持ちを固めている。野馬追もお互いが元気なうちは続けていきたいという。父のタイキシャトルは28歳で他界したが、高倉さんと一緒にいれば、きっとクゥは父以上に長生きすることだろう。

ウインクリューガーの現在は？

- 福島県南相馬市の西町ホースパークに繋養
- 相馬野馬追の時はお行列で街中を行進
- ピッカピカな毛ヅヤは独特な砂浴びのおかげ⁉

神経質でやんちゃだというベルーフ。現在はマッシュルーム栽培のお手伝いなどに日々奮闘中だ。

ベルーフ

マッシュルーム栽培の堆肥づくりに精を出す日々

文／緒方きしん

神経質で近寄るのも難しい「破壊王」

2015年の京成杯勝ち馬ベルーフ。近親にはステイゴールドらがいる良血馬の同馬は、6歳で引退後、岩手のジオファーム八幡平でマッシュルーム栽培に貢献する日々を送っている。

「引退馬支援団体のTCC Japanさんから『ベルーフというやんちゃな馬がいるのですが……』と打診いただいたのがきっかけです。ベルーフは右浅趾屈腱(右脚の飛節アキレス腱)脱位という重大な故障で競走能力喪失と診断され、引退となった馬です。ケガの状況からして乗馬としての活躍は厳しそうとのことでしたが『人を乗せずに第2の馬生で活躍できる』というのがジオファームのコンセプトですので、喜んで受け入れることにしました」

ジオファームでは、繋養している引退馬の馬房にはふんだんな敷き藁を用意。馬房掃除の際に汚れた部分の敷き藁と馬ふんを集め、それを基に敷き藁ベースの馬ふん堆肥を作っている。そしてその堆肥を使用してマッシュルームを栽培し販売することで、引退馬の支援や啓蒙、さらにその先にある「馬と人との共生」が実現した社会を目指す活動を続けている。馬ふん堆肥を使用したマッシュルームの人工栽培は17世紀のフランスから伝わる伝統的な方法で、引退馬のセカンドキャリアとして注目を集めている。

「ベルーフに関しては、事前に『神経質な馬なので気をつけてください』と引き継ぎがありましたが、到着するとまさにその通りの馬でした。私の場合は現役の馬も扱ってきた経験があったので扱えましたが、そうした下地がないと近寄るのすら難しいタイプといえました」

到着したベルーフは、体調そのものはよかったものの、ケガの影響で後脚が踏

2015年の京成杯で重賞勝ちを決めたベルーフだが、ここから引退するまで、重賞2着は複数あったものの勝ち星から見放されてしまった。

写真／宮原政典

プロフィール

生年月日	2012年1月21日生まれ
性別	牡馬
毛色	鹿毛
父	ハービンジャー
母	レクレドール（母父：サンデーサイレンス）
現役時調教師	池江泰寿
現役時馬主	サンデーレーシング
戦歴	26戦3勝
主な勝ち鞍	京成杯
生産牧場	社台コーポレーション白老ファーム（白老）
現在の繋養先	ジオファーム八幡平（岩手県・八幡平市）

現在までの軌跡

2014年10月にデビューし、3歳初戦の京成杯で重賞初制覇。しかし春クラシックでは見せ場を作れず、雪辱を期した秋も掲示板止まりの不完全燃焼。以後はGⅢ2着2回と気を吐いたが、6歳時に右浅趾屈腱脱位で競走能力喪失と診断されて引退。その後は引退馬事業を行うTCC Japanの認定ホースとなり、2018年から岩手県八幡平市の農場で繋養されている。

ん張れない状態になっていた。日常生活レベルであれば送れるが、運動はほとんど不可能といってよかった。

「飛節のところの腱がズレていて、見た目でもすぐにわかるほどでした。到着して2～3カ月が経ったころ、試しに乗り運動をしてみると、背中はさすがの雰囲気だったのですが、やはり踏ん張れず……。前に進めないので、人を乗せることはあきらめました。横になっているところから起き上がるだけでもよろけていたので、スタッフも心配して注視していました」

ケガにより激しい運動は難しい状態となっていたベルーフだが、気が強くてやんちゃな気性は健在。バケツを蹴る、壊すなどは日常茶飯事で、スタッフからは『破壊王』と呼ばれていたという。

「教育は行き届いている馬ですので、人に危害を加えるようなことはせず、モノに当たるタイプでした。ただ経験が乏しいスタッフだと手入れの際に『下手だと蹴るぞ』という空気感を出していましたね。ジオファームは農業体験学習なども積極的に受け入れているため、地元の小学生が団体で来ることがあるのですが、ベルーフはそうした落ち着かない雰囲気が苦手で、すぐに『近寄るな！』というオーラを出していました」

基本的には危害を加えないとはいえ、小さい子の前には出さないように配慮されていたというベルーフ。放牧時も他の馬と一緒にしないように気をつけるなど、周囲の配慮が欠かせない日々が続いた。

ケガもよくなって気性も劇的に改善!?

そんなやんちゃな破壊王・ベルーフに、少しずつ変化が起きている。2年ほど気ままな放牧生活を送っているうちに、いつしか気性が穏やかになったのだ。

「人にも馬にもフレンドリーになりましたね。小さなお子さんが触ったり団体が来ていても、穏やかな雰囲気で受けとめることができるようになりました。来た当初からは考えられない光景ですね」

そして変化は、気性面だけではなく身体面にも訪れる。ジオファームに来て3年目のころ、人を乗せても踏ん張れるまでに後脚が回復したのである。鞍上に人がいると推進力が出せず、前に進めなくなっていた状況とは大きく変わった。

「劇的な改善ですね。今も見た目の上ではケガの部位がわかりますが、痛みはないようで、現在は駈歩もできるようになりました。放牧の前に、毎日30分から1時間程度、ウォーキングマシンで運動をさせられています。適度な運動ができるようになってから、さらに気さくな雰囲気になった気がします」

ベルーフは、馬ふんを提供する上で大事な食欲は非常に旺盛で、頼もしい存在になっている。とくに朝は、大好きな食事に少しでも早くありつくため、前脚で床を叩いてスタッフを急かすという。食事が始まると一心不乱で食べ進め、すぐに完食。馬ふんの状態も完璧とあって、スタッフからも「内臓が強いんだな」との声が上がるほどだ。そんなベルーフの馬ふんは、堆肥として有用なだけでなく、1頭の馬を救う活躍を見せたこともある。

「現役馬の預託部門で預かっていた馬で、抗生物質の投与が続いたことから腸内環境が悪化し、下痢が止まらない馬がいました。身体も痩せていて明らかに栄養が吸収できていないのですが、なかな

モノに当たるほど気性の激しいベルーフだったが、環境がそうさせたのか、いつしか穏やかな気性になっていった。

か打つ手が見つからず……。試行錯誤の中、獣医さんから『ベルーフが普段いる馬房に入れてみては』と提案がありました。良質な菌が大量に含まれているであろう彼の馬ふんがある馬房で過ごしたら良い影響があるのでは、と。やってみると下痢が止まり体調が急速に回復。馬体重も2カ月半くらいで50キロほど増えました。戻す際に調教師さんから『別の馬かと思った！』と驚かれたほどで、復帰緒戦では見事1着になることができました」

仲の良い友だち（シンボリエンパイア）もできて、平穏な余生を送っているベルーフ。今後は乗馬でも活躍させたいと関係者は考えている。

穏やかな気性になったベルーフには、仲の良い同僚もできた。中央5勝のシンボリエンパイアである。放牧地に出すと共に走って遊んだりする間柄で、その仲睦まじさはSNSでも話題となった。

「おじさん同士なので無茶をすることはありませんが、よく戯れ合っていますね。互いに馬着の後ろの方を引っ張りあってグルグルと一定方向に回ってみたり、無口を引っ張って舌を出させてみたりと、2頭で遊びを考案しているようです」

以前は「他馬とは集団行動させられない」といわれていた馬が、いつしか親友ともいえる馬と出会う――。ケガからの回復や内臓の強さゆえの思わぬ活躍を含め、引退後のベルーフは、岩手の地で穏やかな日々を送るうち、多くのものを得ているように見受けられる。

「年齢を感じさせない健康優良児ですし、運動もしっかりできるようになってきたので、今後はふれあい以外でも活躍ができるようになればと思っています。ベルーフの体調を優先しつつ、機会があれば乗馬の大会を目指すのも面白いと思います。マッシュルーム栽培もそうですが、TCC Japanさんの支えもあって、ベルーフのケアも長期的な視点での活動となりました。こうしてのんびりとした日々を送った馬が、気性や体調を好転させていくのを目の当たりにすると、改めて意義深さを感じます」

破壊王から、いつしかさまざまな人馬へと影響を及ぼす馬へと変化したベルーフ。馬ふん堆肥馬としてだけではなく、穏やかとなった引退馬として、さらにはケガからの回復を遂げたチャレンジャーとして、これからの活躍も見守りたい。

ベルーフの現在は？

- 岩手県でマッシュルーム栽培の馬ふん堆肥馬に
- 気が強くてやんちゃな気性が改善
- 年齢を感じさせない健康優良児

スペシャルインタビュー2

角居勝彦 元調教師

引退競走馬の居場所を確保し 地域活性化にも取り組んでいく

2021年に調教師を早期に勇退し、地元石川県に戻って家業を継ぐ傍ら、能登の地で牧場を立ち上げ、引退馬支援活動を行っている角居勝彦元調教師。今回は競馬界の名伯楽に、引退馬支援活動の現在地と今後の展望を伺った。

聞き手・文／不破由妃子
撮影／宮原政典

大地震で大きく狂った計画

——能登半島地震から約7カ月（取材時は2024年7月）。『珠洲ホースパーク』までの道すがら、多くの倒壊家屋がそのまま残されている現実を目の当たりにしてきたのですが、ここも事務所の前のアスファルトに大きな亀裂が入ったままで。ライフラインはどこまで回復されているのですか？

角居　水と電気をなんとか確保できたというところですが、上下水道はまだ割れたままなので、入り口に1本水が通っているという状態です。あとは、地下から井戸水を引いて、浄水器にかけて飲めるようにしています。馬たちは、ことのほか元気です。地震に対してもとくに怖がることなく、馬の適応能力の高さを実感したところはありますね。普通に草さえ生えていれば、みんな元気に生きていけるといいますか。

——角居さんのお住まいは？

角居　僕は輪島の朝市の近くに住んでいます。輪島も珠洲も相当な被害で、全然前に進んでいないことを目の当たりにするのが一番きついですね。

——2023年の8月にこの『珠洲ホースパーク』をオープンされて。震災までの約5カ月は、見学の方を受け入れたり、乗馬体験を実施されていたんですよね。

角居　そうですね。年明けからは、もうちょっとボリュームアップしていこうと思っていた矢先でした。馬は、人間の機微を感じて同調する〝ミラーリング〟という特性を持っているので、馬を介在したコーチングプログラム（ホースコーチング）を取り入れて、企業の管理者研修や、引きこもりになってしまった方のメンタルケアなど、何件かの企業さんとタイアップする話も決まっていたんです。でも、宿泊もできない、食事の提供もできないということで、3件くらいキャンセルになりました。

あとは、もともと『キャロットクラブ』さんとプロジェクトを進めていて、うち

角居勝彦元調教師が、能登半島の突端、珠洲市に立ち上げた「珠洲ホースパーク」。馬がのんびりと余生を過ごせる好環境で、重賞でも活躍した元競走馬やポニーなど7頭が繋養されている。同牧場は地域活性化を目指すべく、人と馬がふれあえる観光地としての側面がある施設だが、能登半島地震の被災により、復旧作業が進められている（2024年7月現在）。

の牧場にキャロットの馬たちが入ってきているので、会員さんを対象としたツアーを組みましょうという話もあったんです。でも、先ほど言ったような理由で、それもストップ。僕ひとりならなんとでもなりますが、2人の従業員と7頭の馬がいますからね。今はもう借金生活ですよ（苦笑）。

今は引退競走馬への関心が高くなっている

——調教師を引退されてから『珠洲ホースパーク』を開場されるまでの2年半というのは、どういう活動をされていたんですか？

角居　金沢競馬場で誘導馬をしていたドリームシグナル（2008年シンザン記念優勝）を連れて、まずは地域住民との接点をどうしたら作れるかという取り組みから始めました。

——この珠洲市という土地には、もともと所縁があったのですか？

角居　いえ。祖父のお里ではありますが、僕自身はまったく。だから、地元と接点を作ることから始めたんです。当時はタイニーズファームという牧場を拠点にしていて、そこから海岸に行って清掃をしてみたりとか、実際に馬に乗ってもらってふれあいの時間を作ったりとか。それらが認知されて、今この牧場の代表に就いている地元の起業家の方と連携を取ることができて、このエリアの土地を借りられるようになりました。

競馬サークルのバックアップもなく、

角居勝彦（すみい・かつひこ）

1964年3月28日生まれ。石川県出身。牧場勤務を経て1986年に栗東トレセンで調教助手になる。2000年に調教師免許を取得し翌年に厩舎を開業。2011～2013年にリーディングを獲得。JRA通算762勝。地方・海外含めＧＩ38勝を挙げる。調教師勇退後は石川県で家業の天理教を継ぐと共に、2023年から「珠洲ホースパーク」をオープンさせ、引退競走馬支援の活動も続けている。

土地に対する力もなく、ひとりで動いて2年半の間に牧場といわれるくらいの土地と建物を手に入れられて、こうしたスタートアップすることができた。恐ろしいスピードだと思いますけどね。

——本当に驚異的なスピードだと思います。それもこれも、角居さんに確固たるビジョンがあったから。

角居　引退競走馬たちが住める場所を確保することだけが僕のテーマではなく、限界集落を馬の力で復活させたいという地域課題に取り組むこともひとつのテーマでしたから。幸い、馬が住むための場所は地域行政とタイアップできましたが、あとは馬の役割として何を生み出せるのか、どうやって馬にお金を稼がせるのか、馬を扱える人材をどうやって確保して、どう育てていくのか。震災が起こる以前から、それらは課題でした。

——ちなみに、馬1頭で月にどのくらいの費用がかかるのですか？

角居　ローカルでも最低8万円はかかります。人件費はまた別で、馬の必要経費だけで8万円。だから、いかにその8万円を馬に稼いでもらうか。必要経費をどうやって生み出すのかというのは、大きな課題ですよね。

——人材の確保というのも、引退競走馬支援の拡充に欠かせない課題ですね。

角居　そうですね。ただ、人材を育成しようにも、ここには人がいない。今回の地震で子どもたちが一斉に避難したのですが、避難先で学校生活が始まると、そこで友だちができちゃうから、こっちに帰ってこない、帰ってこられないという現実があります。

致し方ないところではありますが、ただでさえ高齢化率が50％を超え、前回（2015年）の国勢調査から5年で約12％というスピードで人口が減り続けていたので、正直かなりの痛手です。これは教育機関とのタイアップが必要だなと感じたので、今は天理大学の方で人材を育てていく作業に入ってます。

——大きな被害を受けながらも、ご自身のテーマを形にするために、さまざまなことを同時進行で進めていらっしゃる。しかも、角居さんにしかできないことばかりのような。

角居　今はみなさん、引退競走馬に対する関心度が高くなっていますからね。引退競走馬に関することなら「とりあえず角居を呼んでおくか」みたいな感じで（笑）。イベントや講演などあちこちから声がかかるのですが、そのたびに課題が見えてきて、何をすべきかを考える。いい話も悪い話もありますが、とりあえずやってみなければ、というところです。
JRAも『TAW』という引退競走馬専門の大きな組織を作ったので、これからはもっと前に進むと思いますよ。ただ、大きな組織であればあるほど、危なくないか、怪しくないかと石橋を叩かざるを得ないので、無駄のない進み方で何かを探りつつ、少しでもスピードアップを図れるよう、その一員として僕の強みを生かしていきたいと思っていますけどね。

馬に会って心を癒せる場所にしたい

——現在、『珠洲ホースパーク』で繋養されているのは7頭。最近、ベレヌスとグルーヴィットの中京記念コンビが加わったとか。

角居　はい。グルーヴィットはやさしいんですけど、ベレくんが……。みんなと仲良くするというより輪を掻き回している感じで、ちょっかいばかり出しています（笑）。今のボスはカウ（カウディーリョ）。最初はアル（レッドアルティスタ）がボスだったのですが、ポジション争いでカウが勝ちました（笑）。あとは、紅一点のセリシーヌ（競走馬時代の馬名はヴォリション）とポッキー（サトノアクセル）がいます。それと、ポニーのてんくんで計7頭。どうやら、てんくんは自分がボスだと思っているようですが、誰もそうは思っていないという（笑）。

——角居さん、楽しそうですね。

角居　楽しいですよ。馬たちを見ていると、本当に飽きない。『ウマ娘』では、引退競走馬を擬人化したことで、競馬ファン以外の方も引退競走馬について興味を持ってくれましたしね。一昔前は、この活動自体、隠してやらなきゃいけない感じがしていましたけど、今は自らYouTubeやXで発信したり、どんどん表に出ていける。実際、「引退競走馬を助ける」という言葉をあちこちで聞けるようになりましたし、「殺処分になってしまう馬たちを助けなくちゃ」と言葉にできるようになった。僕が『サンクスホースプロジェクト』を立ち上げてから8年が経ちますが、このあたりが一番大きな変化だと思います。

——震災からの復興もまだまだ道半ばではありますが、地域の課題への取り組みも含めて、角居さんが感じている引退競走馬の可能性を教えてください。

角居　やっぱり乗れる動物であることが最大の魅力ではありますが、介護やメンタルケアも含めて医療系とのタイアップも可能です。あとは、教育ですよね。言語のコミュニケーションを必要としない

ので、人と接するのが苦手な子でも、この馬は何を求めていて、どうお世話をしたらいいのか、どうやったら乗れるのかなど、必要なコミュニケーションを自問自答するようになります。
　馬はミラーリングという特性を持っている本当に面白い動物なので、『馬を知る』ということは、いろんな分野で教育につながると思いますよ」

——さまざまな可能性を秘めている引退競走馬ですが、先ほど角居さんがちょっと紹介してくれた『珠洲ホースパーク』にいる7頭を眺めているだけで、心が癒されそうです。

角居　そうですね。「馬を知る」ことは子どもだけに必要な学びではなくて、社会性を持つ大人が見ても、「こういうシチュエーションあるよな」と思ったりする。たとえば、「そうだよなぁ。嫌だったら逃げ回っていればいいんだよな」とかね（笑）。また、逃げ回っている馬に気づいた馬が、近づいてきてくれたりするんですよ。

——まさに、集団の中で形成される人間関係の縮図ですね。

角居　馬たちの関係性を通して、「それでいいんだよな」という面と、「それではいけないよな」という面と、両方見えてくるはずですよ。僕は僕で、これからもひとつひとつ課題をクリアして、ここで挙げたテーマを実現していきたいと思っているので、これを読んだ方たちには、とりあえず「ちょっとしんどいな」と思ったら、ぜひ『珠洲ホースパーク』に遊びにきてほしいですね。

——復興が進んだ暁には、元競走馬に会えて、乗ることもできて、しかも角居さんに会える！

角居　僕に会いたい人いるかな（笑）。それはともかく、大人でも子どもでも「しんどいな」と感じた人が心を癒しにくる、そんな場所にしていけたらいいなと思っています。

文／治郎丸敬之　構成／緒方きしん

迷いなき決断 選択肢はひとつ！

左目が見えずに生まれてきたという非情な現実に言葉を失った関係者たち。大きなハンデを背負ったその牝馬をこれからどうするのか。馬主として、重大な決断をする時が迫っていた。

生まれた牝馬の左目が見えない——その事実に衝撃を受けて間もないうちに、重大な決断が求められました。彼女を生かすか否か、です。

ダートムーアを繁殖として迎えてから流産や不受胎を経験した上に、1年間待ち続けてようやくこの世に誕生したとねっ子。僕たちにとって残酷だったのは、失明がわかっている馬は中央競馬において競走馬になれないという事実でした（この時はそもそも競走馬として登録できないと考えていました）。

デビュー後に失明した馬が、そのまま競走馬として走り続けたケースはたくさんあります。しかし、生まれつき目が見えなかったり、競走馬として登録する前に目が見えなくなった馬は、中央競馬で登録する権利がありません。セリで買い手がつくこともないでしょう。僕に残された選択肢は2つ。ひとつは処分し生後直死という扱いにすることで、翌年もう一度フリーリターン（種付料が無料になる制度）を使うこと。もうひとつは、競走馬にはなれませんが、繁殖牝馬として残しておくことです。

「左目以外は至って健康ですから、牧場としてはこのまま育ってもらいたいと意見が一致しましたが、治郎丸さんの馬ですから、どうするかはお任せします」と話す碧雲牧場の長谷川慈明さんに、僕は即答しました。

「選択肢はひとつです。迷いなく、このまま繁殖牝馬になってもらいましょう」

いずれは苦しんで死ぬことがわかっているような病気やケガであれば、苦しまないうちに処分することを選んだと思いますが、今回は違いました。そして実際に世話をしてくれる牧場のみなさまも前向きで、すべての面において碧雲牧場と僕の気持ちが一致したからこそ、僕たちは彼女を生かす道を選ぶことができたのです。

周囲の人々の強い想いによって生きる道が切り開かれた片目の牝馬、福ちゃん。牧場の当歳馬たちと仲良くする姿は、ハンデを感じさせない。

第３回（P118）に続く

第3章
功労馬として余生を過ごしている馬たち

グラスワンダー
コスモバルク
ナカヤマフェスタ
マイネルキッツ
アドマイヤジャパン
メイショウドトウ
ハルウララ

やや背中のラインに年齢を感じさせるが、のんびり健康に余生を送るグラスワンダー。

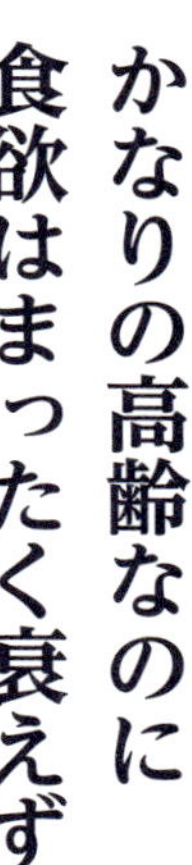

「本当に手がかからない馬でね、これといったエピソードもあまりないんだよねぇ（笑）」

現在、グラスワンダーが余生を送っている明和牧場の牧場長、浅川明彦さんは笑顔でこう答えてくれた。

２０００年の宝塚記念を最後に、現役を引退したグラスワンダーは、種牡馬として社台スタリオンステーションに繋養された。そこでスクリーンヒーローやアーネストリーといった活躍馬を輩出すると、２００７年にはブリーダーズ・スタリオン・ステーション、２０１６年にビッグレッドファームへとそれぞれ移籍。２０２０年に25歳で種牡馬を引退し、功労馬としてやってきたのがこの明和牧場だった。

「ビッグレッドファームの岡田繁幸さんからは『いい馬だからよろしくね』という感じで引き受けました。最初見た時はとにかくガッチリとしていてデカい馬だなと思いましたよ」

種牡馬時代のグラスワンダーといえば、現役のころ以上に丸っこくなった馬体が印象的である。とくにタンポポを好んで食べたというエピソードは『ウマ娘』でも採用されたほどだ。サラブレッドとしては高齢とされる25歳になった当時ですら、筋肉ムキムキで放牧地に出せばダーッと所狭しと走り回るほどだったという。それだけに浅川さんが抱いた「ガッチリとしたデカい馬」という印象はグラスワンダーにピタリとハマった。

明和牧場にやってきた当時は、放牧されるとあちこち駆け回るほど元気だったが、年を取るごとにそうした活発さは薄れ、29歳となった今では走り回るようなことは少なくなったという。その代わりに放牧地をゆったりと歩いては生えてい

「ミスターグランプリ」。そんな異名をつけたくなるほど、グラスワンダーは有馬記念や宝塚記念といったグランプリレースに驚くほど強かった。

写真／宮原政典

プロフィール

生年月日	1995年2月18日生まれ
性別	牡馬
毛色	栗毛
父	シルヴァーホーク
母	アメリフローラ（母父：ダンチヒ）
現役時調教師	尾形充弘
現役時馬主	半沢
戦歴	15戦9勝
主な勝ち鞍	有馬記念（2回）、宝塚記念、朝日杯3歳S
生産牧場	フィリップスレーシング（米国）
現在の繋養先	明和牧場（新冠）

現在までの軌跡

1997年9月にデビュー。朝日杯3歳Sまで4連勝を飾るが翌年春に骨折し、秋まで休養に入る。復帰後は不振に陥ったが、有馬記念で復活の勝利を果たす。古馬になると宝塚記念と有馬記念を勝ち、春秋グランプリ制覇（グランプリ3連覇）を達成。6歳時の宝塚記念で故障を発症して引退し、種牡馬となる。その後は繋養場所を変え、最後はビッグレッドファームで種牡馬を引退。現在は功労馬として余生を過ごしている。

る青草を食べ、のんびりと過ごしている。年齢を重ねるに従って、はちきれんばかりだった馬体は、丸みを帯びたままではあるものの、徐々にしぼみ、現在の馬体重は550キロ～560キロほど。それでも巨漢だが、600キロは優に超えていたという4年前と比べると、だいぶスリムになった印象を受ける。

ただ、幾分体重が落ちたとはいえ、食欲は相変わらずだそうだ。明和牧場では1日に3～4回ほど食事を与えているというが、グラスワンダーは馬房に戻って食事をする際、用意された飼い葉をしっかりと食べ切るという。29歳という年齢もあって、さすがに歯が悪くなってきたため、飼い葉は細かく砕かれ、ニンジンなどもフードプロセッサーで細かくしてから与えられる。それを一度に大量にではなく、ちょこちょことつまむ感じで食べ、毎回ぺろりと平らげてしまう。そのため浅川さんは、馬体が増え過ぎないようにカロリーを抑えた食事を用意するほどだ。

ただ基本的にはなんでも食べるというグラスワンダーだが、唯一苦手としているのがチモシーと呼ばれる乾草。これだけはいくら大食漢なグラスワンダーでも残すことがあるそうだ。

「飼い葉は栄養のバランスを考えて配合して出しているので『ちゃんと食べないとダメだよ！』って思っちゃいますけどね(笑)」

と、浅川さんも苦笑いを浮かべていた。

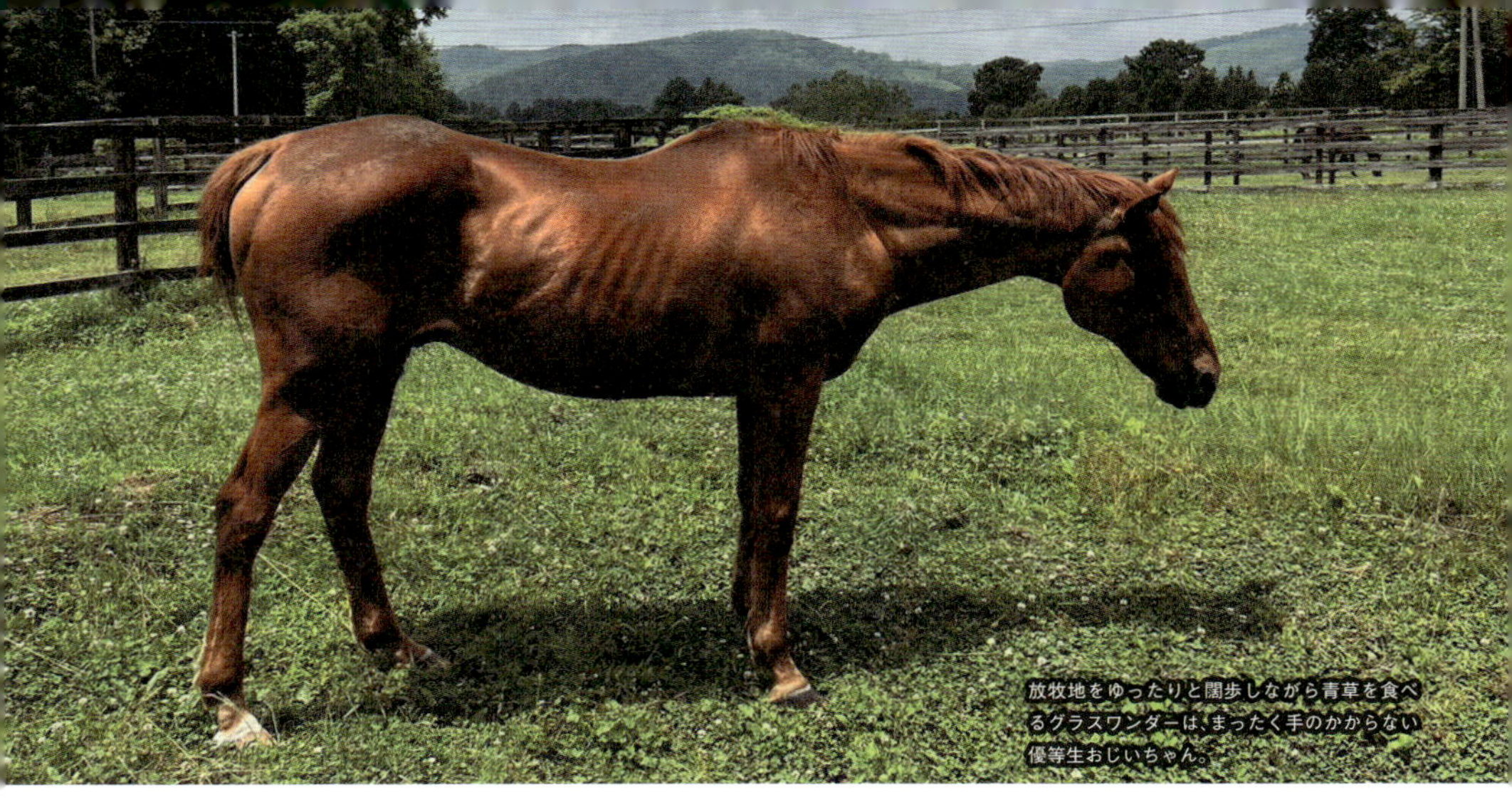

放牧地をゆったりと闊歩しながら青草を食べるグラスワンダーは、まったく手のかからない優等生おじいちゃん。

強くて丈夫な内臓が長生きの秘密!?

一昔前は外国産馬というとゴツくて気性が勝っている印象があったが、現役のころからどこかおとなしい雰囲気のあったグラスワンダーには、デビュー前にこんなエピソードがある。

ある日のこと、調教中に放馬したカラ馬が厩舎内に突っ込んできてしまい、グラスワンダーのすぐそばを通過するというアクシデントが起こった。にもかかわらず、若かりしころのグラスワンダーは迫りくるカラ馬を見ても微動だにせずただボーッと立っていたままだったという。グラスワンダーの精神力の強さを感じさせるエピソードだが、現在でもそうした面があると浅川さんは言う。

「甘噛みくらいはしてくるけれど、悪いことは一切やらないし、とにかく気のいい馬。泰然自若としていてドーンと構えているところは現役のころから変わらないかな。それと人が来ることに慣れているのか、柵の方に寄ってきてくれることもあるよ。管理する僕らからしたら、ストレスを与えたくないので柵の近くに人が来ても、あまりそばに行かずにのんびりとしてほしいと思うけどね」

馬体は健康そのもので、おとなしくて悪いことは一切しないなど、明和牧場で日々を過ごすグラスワンダーはまさに手のかからない馬。それだけに突飛なエピソードは少なめだが、29歳になっても未だ食事量が衰えないのは驚きだ。その秘訣として浅川さんが教えてくれたのはグラスワンダーの「内臓の強さ」だった。

「グラスワンダーに限らず、長生きする馬というのはとにかく内臓が丈夫です。グラスワンダーはここに来て4年が経つけれど、体調を崩したことはほとんどありません。放牧地で青草を食べ過ぎて下痢をすることはたまにあるけれど(笑)、疝痛を起こしたこともないくらい。あれだけ大食漢な馬なのに、お腹を痛めるとか体調を崩すことがないのだから、内臓が強いんだろう。それと消化効率がいいんだろうね。グラスワンダーはボロが少ない。他の馬と比べると平分もないんじゃないかってくらいにね」

食べたら食べた分だけ馬体となるから、グラスワンダーは29歳になった今も丸みを帯びた馬体を維持しているのかもしれない。ボロの量自体が少なく、さらにボロをする場所も常に決まっているそうで、脚回りがボロで汚れることはほとんどない。美しい栗毛の馬体が汚れるのは自ら泥浴びをした時くらいで、その後には大好きなシャワーとブラッシングで馬体を綺麗にしてもらうのがお約束。普段手がかからない馬だからこそ、シャワーやブラッシングの時には、浅川さんやスタッフの方に目いっぱい甘えているのかもしれない。

とにかく内臓が丈夫。出された飼い葉はすべてペロリと平らげてしまうほど、その大食漢ぶりは衰え知らず。

晴天の中で放牧地をゆったりと闊歩しながら青草を食べるグラスワンダーは、まだまだ元気いっぱいに見えるが、「25歳を過ぎたら、いつ亡くなってもおかしくない」のがサラブレッドだ。

「人間でいえば、80歳を過ぎても公園でゲートボールしたり、身体を動かしたりするのが大好きな元気なおじいちゃん」

と、現在のグラスワンダーを評した浅川さんだが、その体調には常に目を光らせている。

「朝から放牧地に出して、夏の時期は午前中には馬房に入れてしまうけれど、放牧地でごろごろしていると、やっぱり不安になりますよ。大体はすぐ立ち上がるんだけどね(笑)。サラブレッドは25歳までに亡くなることも多いけれど、それを過ぎると不思議なもので長生きしやすい。この馬も他の28~29歳の馬と比べると健康だし、もしかしたらシンザンの35歳を越えるかもしれないね」

できることなら、国内のサラブレッドの最長寿記録の40歳も越えてほしい。グラスワンダーならきっとできるはず――放牧地でのんびりと過ごすグラスワンダーを見て、心からそう思った。

グラスワンダーの現在は?

- 明和牧場で功労馬として余生を過ごしている
- 超高齢でもまったく衰えない食欲
- 食べた物の消化効率がよくボロも少ない

コスモバルク

北の大地に暮らす中央を席捲した地方競馬の雄

文／福嶌弘

功労馬としてのんびりと余生を過ごしている地方競馬の英雄・コスモバルク。

高齢馬らしからぬ若々しい肉体

「今年でもう23歳になりますけど、今でもうちで供用している種牡馬たちと比べても一番元気ですよ」

ビッグレッドファームの井澤瑞樹さんにコスモバルクの話を伺うと、開口一番こんな答えが返ってきた。

今からちょうど20年前の２００４年、外厩制度を活用してホッカイドウ競馬所属のままＪＲＡのレースに参戦し、牡馬クラシック戦線を沸かせたコスモバルク。その強靭な精神力と力強い走り、そして燃え上がるほどの激しい気性で多くのファンの心を掴んだ彼は、9歳で現役を引退した後、功労馬としてビッグレッドファームにやってきた。すでに競走馬としてのキャリアを終えて15年近い月日が経つというのに、23歳の高齢馬とは思えないほどの元気さを誇っている。その姿に、

「コスモバルク自身は自分のことを『若い』

2004年3歳になったコスモバルクは弥生賞を難なく勝利。クラシックの第一関門・皐月賞へと駒を進め、1番人気に支持された。

写真／宮原政典

プロフィール

生年月日	2001年2月10日生まれ
性別	牡馬
毛色	鹿毛
父	ザグレブ
母	イセノトウショウ（母父：トウショウボーイ）
現役時調教師	田部和則
現役時馬主	ビッグレッドファーム
戦歴	48戦10勝(中央35戦4勝、海外4戦1勝)
主な勝ち鞍	シンガポール航空インターナショナルC、弥生賞、セントライト記念、北海優駿
生産牧場	加野牧場（三石）
現在の繋養先	ビッグレッドファーム（新冠）

現在までの軌跡

2003年8月に旭川競馬場でデビュー。2歳11月に中央競馬に参戦し、重賞含め2連勝。3歳時は弥生賞を勝って皐月賞に参戦するも2着惜敗。日本ダービーも8着に敗退する。その後も地方馬でありながら中央を主戦場に活躍。海外にも遠征し、シンガポールでGI制覇を飾る。9歳で現役続行を断念。その後何度か海外移籍も計画されたが実現せず、余生を功労馬として過ごすことになった。

と思っているのかも」

と、井澤さんも評するほどだ。

馬体を見せてもらうと、確かにところどころに白髪が生えてきているし、歯もすり減ってきているなど、それなりに衰えを感じさせるところはある。だが現役時代から精神面、肉体面共に強靭だったコスモバルクは、現役を引退したころと何も変わっていないという。思えば功労馬として余生を過ごし始めて、10歳になったころに脚の故障が癒え、競走馬として現役復帰を目指したというエピソードがあるが、これだけ走るのが好きで元気な馬ならば納得のいく話である。

そんな性格の馬だからか、コスモバルクは馬房の中でじっとしているよりも、放牧地に出した方がのびのびとした姿を見せる。それでも放牧地を動物が横切ったり、隣接する調教施設で1歳馬のいなきが聴こえたりすると、スイッチが入るのか、「何かあったのか？」と言わんばかりに現役さながらダッシュする姿を見せることもあるそうだ。「なるべく自然に近い環境で育成する」というビッグレッドファームの方針により、走るのが大好きだったコスモバルクにはピッタリとハマっているように思える。そのため、スタッフが馬房に近づいてくると、「放牧地に行ける！」という感じで、ソワソワし出すかわいい一面も見せる。放牧地で活発に体を動かしていることで血流も良くなり、馬体は毛ヅヤが出てピカピカで若々

もはや高齢の域に入るコスモバルクだが、肉体的な衰えはあまり感じられない。年の割に食欲も旺盛だ。

しく、これも23歳の高齢馬らしからぬ要素となっているのは言うまでもないだろう。

放牧地でも青草をたっぷりと食べてきているが、馬房に戻れば用意された飼い葉もしっかりと平らげてしまう。歯がすり減ってきたこともあり、ニンジンなどの固いものは細かく切ってからでないと食べられなくなってきているが、それでも食が細くなることはなく、「20歳を越えた馬にしてはよく食べる」とスタッフたちが驚くほどだ。今でも飼い葉をたくさん食べられるということはそれだけ内臓が強く、

「コスモバルクが病気になったという話は今まで聞いたことがない」

と、井澤さんは言う。

20歳を越えて高齢の域に差しかかってきたコスモバルクだが、肉体面では本当に衰えが見られない。現役時代から知られた燃え上がるような気性の激しさはさすがに落ち着いてきたというが、今でもその片鱗を感じさせることがあると井澤さんは教えてくれた。

「放牧地に出すと時折立ち上がったりして、馬房に戻す時には若手のスタッフが苦労するくらい気性は荒いですね(笑)。強めにじゃれてくることもよくありますが、これは気心を知れたスタッフだからやるんです。気を許しているからこそ、ちょっとわがままを言っているみたいな感じですね」

種牡馬ではなく功労馬にした選択

元気いっぱいに走り回り、飼い葉もよく食べ、そして時にはじゃれてくる——そんなツンデレな面を見せる23歳のコスモバルクは当然、スタッフたちからとても愛されている存在だ。こうしたキャラクターだからこそ、現役時代に管理していた田部和則元調教師も毎年必ず会いにきては、当時を懐かしむように仲睦まじく過ごすという。田部元調教師がやってくると、コスモバルクは当時を思い出すのか、心なしかうれしそうにしているそうだ。

多くのスタッフ、関係者に愛されたコスモバルクは今でも競馬ファンからの人気が高い。コスモバルクに会いに来てくれるファンのほとんどは、その現役時代

を知る人たちだそうだ。その理由を井澤さんはこう考えている。

「コスモバルクが地方競馬からJRAのレースに参戦する姿に勇気をもらったという方や、海外のレースでも活躍する姿に感動したという方など、感情移入して応援してくれた方がとても多いんです。そのため、ファンにはすごく熱量が高い方が多いなという印象があります。ホッカイドウ競馬、地方競馬に勇気を与えてくれたコスモバルクだからこその人気ですね」

コスモバルクといえば、燃え上がるような激しい気性の持ち主。今でも馬房からの出し入れの際に気性の荒さを垣間見せるという。

高い人気を誇った馬だからこそ、コスモバルクの現役を引退した当時、種牡馬にならずに功労馬としてビッグレッドファームに帰ってくる、という決断には、ファンから賛否両論があったという。『コスモバルクの産駒が見たい』『自身が果たせなかったダービー制覇を産駒で成し遂げてほしい』など、当時はファンから手紙も届いたという。

コスモバルクの大ファンである筆者も、彼の産駒が競馬場で走る姿を見てみたかったが……井澤さんはこの決断についてこう話してくれた。

「種牡馬入りはしませんでしたが、今でもコスモバルクは地方競馬の英雄です。功労馬としてのんびりと暮らし、ファンに元気な姿を見てもらう。それが引退後のコスモバルクにとっての1番の幸せだと思っています」

ビッグレッドファームで余生を過ごし、多くのファンが会いにくるという現在のコスモバルクを取り巻く環境を見れば、当時の決断は間違っていなかったと断言できる。これはコスモバルクが自ら掴んだ幸せでもある。ファンや関係者、多くの人たちに愛され続ける幸せな余生を1日でも長く送ってほしいと、筆者は心から願っている。

コスモバルクの現在は？

- ビッグレッドファームで功労馬として余生を送っている
- スタッフが馬房に近づくと放牧地に行けるとソワソワする
- 病気になった話を聞かないほど健康

放牧地に生えた短い草を食べまくるナカヤマフェスタ。

現役時代とうってかわって扱いやすい優等生

ナカヤマフェスタ

文／岡野信彦

かなりの癖馬と聞いて警戒していたら……

昔から日本のホースマンの悲願とされてきた凱旋門賞制覇。その「頂」に手が届きかけた(2着した)日本馬は過去3頭いる。エルコンドルパサー(1999年・第78回)、ナカヤマフェスタ(2010年・第89回)、オルフェーヴル(2012年・第91回、2013年・第92回)である。この3頭を比較すると、ナカヤマフェスタの存在感は正直地味である。しかし、凱旋門賞での着差は、エルコンドルパサーが半馬身、ナカヤマフェスタがアタマ、オルフェーヴルがクビ。将来的に日本馬による凱旋門賞制覇があるかもしれないが、現時点ではナカヤマフェスタが、もっともその栄冠に近づいた日本馬である。そのナカヤマフェスタは種牡馬を引退し、現在は北海道浦河にある「うらかわ優駿ビレッジAERU」(以下：AERU)に功労馬として繋養されている。

「ナカヤマフェスタは2023年の種付けが終わったころ、アロースタッドさんがオーナーさんと引退を考えたみたいで、どこで余生を送るのがいいかとなり、うちに声がかかりました。アローさんからはそれまでウイニングチケットやスズカフェニックスを引き取っていたので、その縁で話が来たんだと思います」

そう教えてくれたのは、AERUで功労馬のお世話をしているマネージャーの太田篤志さんだ。

「受け入れには、やっぱり牧場との信頼関係が大きいんですよ。今はネットがすごい社会ですが、競走馬のセカンドキャリア、サードキャリアになった時に、昔と違ってどこでどう管理されているのか、全部画像や動画とかでさらされてしまうんです。ちゃんとお世話しているのにちょっとアバラが見えただけで過剰に反応したりとかもあります。だから管理が

2010年の宝塚記念では女傑ブエナビスタを抑え込んで勝利。重賞3勝目にしてGⅠ初勝利となった。この後欧州遠征でも驚異の走りを見せる。

写真／宮原政典

プロフィール

生年月日	2006年4月5日生まれ
性別	牡馬
毛色	鹿毛
父	ステイゴールド
母	ディアウィンク（母父：タイトスポット）
現役時調教師	二ノ宮敬宇
現役時馬主	和泉信一
戦歴	15戦5勝（海外4戦0勝）
主な勝ち鞍	宝塚記念、セントライト記念、東京スポーツ杯2歳S
生産牧場	新井牧場（むかわ）
現在の繋養先	うらかわ優駿ビレッジAERU（浦河）

現在までの軌跡

2008年11月にデビュー。クラシックは善戦止まりだったが、4歳春に大きく飛躍。OP勝利の勢いのまま宝塚記念を勝利。さらにフランスに遠征し、フォワ賞と凱旋門賞で2着に好走した。5歳時にもフランスに遠征し、帰国後に現役を引退。種牡馬入りを果たす。2023年に種牡馬を引退し、現在は功労馬として繋養されている。

不透明な牧場にはもう預けられなくなっていて。そういう意味では、うちは過去に預かった馬たちのおかげで声がかかるんだと思います」

ただナカヤマフェスタを受け入れる際、太田さんには若干警戒心があったそうだ。

「現役の時は急にワーッと立ち上がったりとか、気分屋でかなり癖があると聞いていまして。受け入れ前にアローさんに行っておとなしいのは見ていたし、担当の方には『世話をする分にはそんなに苦労したことはないよ』と言われていましたが、どこかで激しい面を見せたらちょっと怖いなと思っていました。もしそうでも対応するつもりでしたが、来た初日から本当におとなしくて（笑）。今もそんな面はまったく見せていません」

太田さんには拍子抜けだったろうが、AERUのような施設では、この部分はとても大切なことだという。

「うちの場合は365日いつでも来場できるし、馬を分けていないし、予約制ではないし、本当にふらっと来てふらっと見ることができます。しかも常に誰かが管理・監視してるわけではなく自由見学なので、そういう意味では基本的におとなしい馬っていうのが、うちで預かる条件かなとは思うんです。フェスタはトラブルもなく、とても扱いやすい馬です。しかも『ウマ娘』にもなっていて集客力もありました。ここ浦河は千歳空港から遠くて、ただ馬を見たいくらいでは人が来て

放牧でのんびり過ごすナカヤマフェスタ。とくにファンサもしないが、人を警戒することもない。

くれません。だからフェスタを受け入れる話はすごくありがたくて」

引退馬、功労馬の繋養は慈善事業ではない。大きな施設になれば、それだけ資金が必要になる。しかもAERUは場所に恵まれていない。だからこそ、人が来る目的となり得るナカヤマフェスタの存在は大きい。しかもイメージとは違って、おとなしくて扱いやすい馬だった。太田さんは胸を撫で下ろしたに違いない。

食へのヘンなこだわりと特殊なルーティン

稀代の癖馬・ステイゴールドの血を引き、気分屋といわれたナカヤマフェスタだが、引退後の環境は、同馬に精神的な安定をもたらした。

「うちに来てからは、運動的なことをほぼしないで、放牧地でのんびり過ごしています。朝7時ぐらいに飼い葉をあげて、食べ終わったら放牧に出して、お昼前後ぐらいに集牧しての繰り返し。それがフェスタの仕事です。彼にとってストレスのない環境なのかなと思います」

ナカヤマフェスタには、今も現役時代の関係者が数多く会いにくるという。AERUには功労馬が現在4頭繋養されているが、一番関係者が訪れるのはナカヤマフェスタだそうだ。手がかかる子ほどかわいいというが、厩舎関係者はナカヤマフェスタにひとしおの愛情を注ぎ、日本競馬史に燦然と輝く実績を残すほどの一流馬に育て上げた。そして、そこで終わりではなく、現在の様子も気にかけてくれている。

「厩務員さんは、かなり苦労した分、一番思い出に残っているのがフェスタだそうです。苦労したエピソードがたくさんあるから、ここでおとなくて甘えてきたりする姿に衝撃を受けて、『ほんとにフェスタですか?』って(笑)」

一般のファンも、かなり癖が強い馬という先入観を持って見学にくるが、そのイメージとのギャップを面白がってくれるそうだ。

「世話をする人に対して警戒してるのは見たことないんで、そのあたりは管理していて助かっている部分です。ただ子どもっぽくて寂しがり屋。良くも悪くも無警戒に信用してくるタイプです。構ってほしいから寄ってきたりして、こっちのテリトリーにどんどん侵入してきます。本人は楽しくやっているんですけど、それでこっちがケガしたり、叫んじゃったりすると嫌な関係になりかねないので、ちゃんと線引きするようにしています」

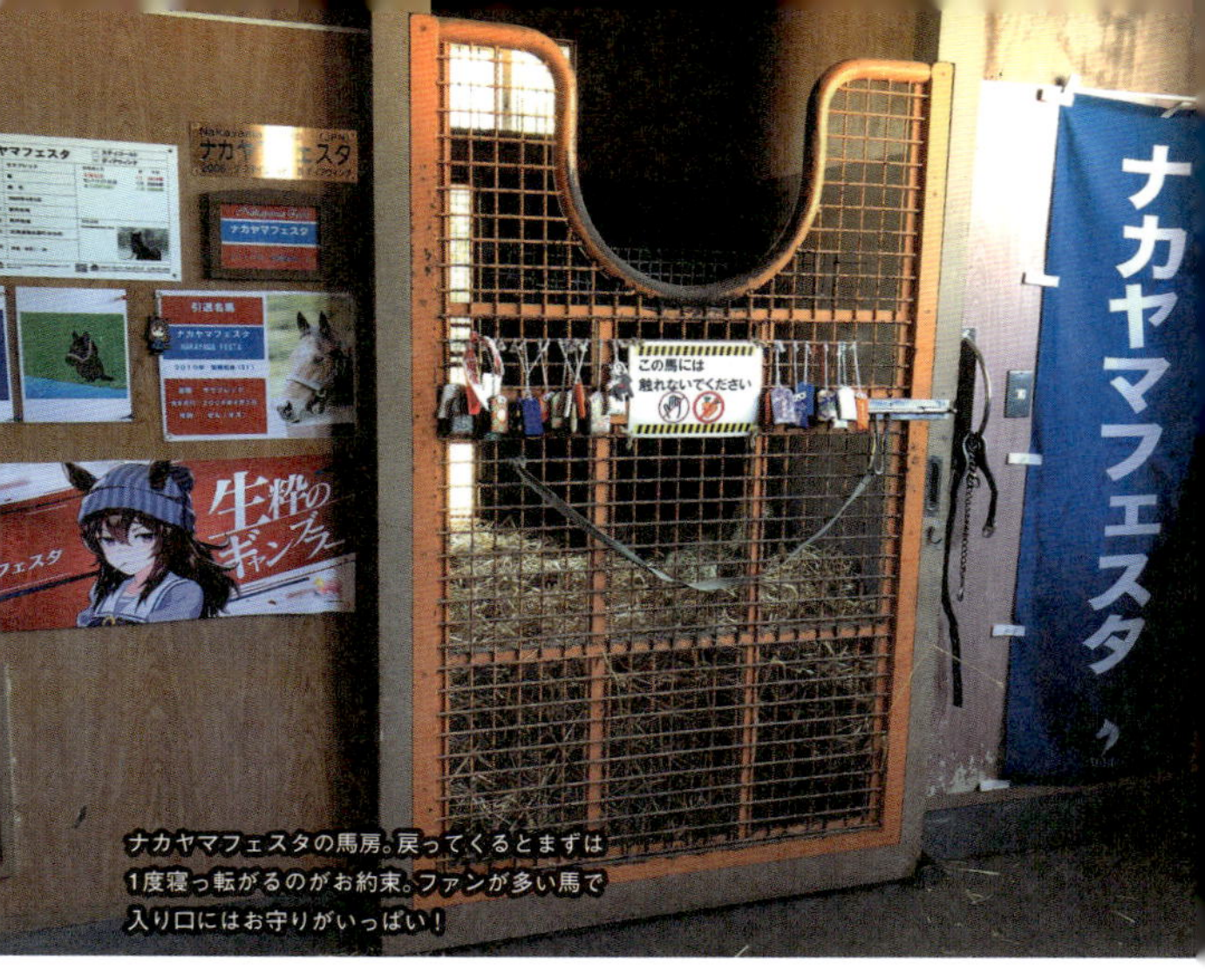

ナカヤマフェスタの馬房。戻ってくるとまずは1度寝っ転がるのがお約束。ファンが多い馬で入り口にはお守りがいっぱい！

子どもっぽいとはいえ、ナカヤマフェスタはすでに18歳。しかしAERUに来てからケガも病気もなく、食欲もまったく落ちていないという。

「乾燥した草を馬房であげたりしますが、乾燥よりも青草で、青草も長いよりも短い方が好きで。よくファンが生牧草を送ってくれるんですが、あれを放牧地に投げたとしても、ちびちび生えている短い草を優先して食べたりします。こだわりがあるんですかね(笑)」

そんな食へのこだわりの他にも、ナカヤマフェスタには独特の癖がある。

「集牧して厩舎に帰ると、馬房ですぐ1回は寝っ転がるのがルーティンです。あと、さく癖(馬房や放牧場の囲いの柵などに、上の前歯をひっかけて空気をのみ込む動作)があるので、放牧中に柵に寄ってきてグイグイやったりします。基本的に人を警戒しませんが、お客さんと積極的にコミュニケーションを取るタイプではありません。ただ、さく癖をするのに柵のそばに来るんで、お客さんは近くで写真が撮れると喜んでいますよ」

ナカヤマフェスタにとって、AERUは終の棲み処となるだろう。現役時代や種牡馬時代と違って、もう調教もレースも種付けもしなくていいのだ。

「僕らは本当にストレスがかからないように、フェスタが今まで頑張ってきた分、幸せに暮らしてもらえるような管理や努力をしながら、過ごしていってもらいたいと思っています」

そう話す太田さんの足元で、ナカヤマフェスタは、柵の下に生えている短い草を一心不乱に食べていた。

ナカヤマフェスタの現在は

- 種牡馬を10年続けた後うらかわ優駿ビレッジAERUで繋養されている
- 子どもっぽくて寂しがり屋
- ちびちび生えている草が好き

会いにきてくれるファンにはやや塩対応気味というマイネルキッツ。精神的に強く我が道を行くタイプ!?

ステイヤー気質でいつもゆったりのんびり
マイネルキッツ

文／福嶌弘

年齢を経ても馬体はスマートでピカピカ

乗馬ができる天皇賞馬——10歳まで競走馬として現役を続けたマイネルキッツは引退後、神奈川県横浜市にある根岸競馬記念公苑で乗馬として活動。会いにきてくれた子どもたちやファンをその背に乗せて、多くの人々に愛されてきた。

そんなマイネルキッツがうらかわ優駿ビレッジAERU（以下：AERU）にやってくることになったのは「突然のことだった」と、同施設の太田篤志さんは振り返る。

「お世話になっていた日高育成牧場の方が転勤で都内の施設に勤めていらっしゃって、別の用事で連絡した際に、話の流れでマイネルキッツの次の行き先を探しているということを知りまして。それでうちで預かることになったんです」

当時のマイネルキッツは、現役引退からちょうど10年が経ち20歳になっていた。これだけの高齢馬となると、長距離の輸送や、環境が変わることはなるべく避けるべきだが、太田さんはこの話を受けた時にマイネルキッツならではの経歴に注目した。

「マイネルキッツは現役引退後に種牡馬を経て乗馬になったわけではなく、引退してすぐに乗馬になった馬で、競技会にも出た経験がある。それだけいろんな経験をした馬だからこそ環境の変化には強いだろうし、20歳を越えてもバリバリ乗馬としてお客さんたちを乗せていたのなら、体力的にも申し分ないかなって思いました。これからどんどん老いてきてしまうことを考えると、元気な今のうちに迎え入れた方がいいかなと」

こうして2023年の6月、マイネルキッツは慣れ親しんだ横浜を離れ、AERUにやってきた。初めて現地入りした際、太田さんはマイネルキッツを見てこ

2009年の天皇賞・春を制覇。距離はあればあるほどいいという生粋のステイヤーで、2011年にはステイヤーズSも勝利。

写真／宮原政典

プロフィール

生年月日	2003年3月18日生まれ
性別	牡馬
毛色	栗毛
父	チーフベアハート
母	タカラカンナ（母父：サッカーボーイ）
現役時調教師	国枝栄
現役時馬主	サラブレッドクラブ・ラフィアン
戦歴	52戦8勝
主な勝ち鞍	天皇賞・春、日経賞、ステイヤーズS
生産牧場	ビッグレッドファーム（新冠）
現在の繋養先	うらかわ優駿ビレッジAERU（浦河）

現在までの軌跡

2005年9月にデビュー。レースを使いながらじっくり着実に力をつけ、5歳時には重賞で好走できるまでに成長。6歳時に天皇賞・春でＧⅠ制覇。その後もステイヤーとして主に長距離戦で活躍し、10歳まで現役を続けて引退。横浜・根岸競馬記念公苑のポニーセンターで乗馬として活躍後、2023年に北海道に移動し功労馬として過ごしている。

う感じたという。

「馬体を見た時に感じたのは『すごくスマートな馬だな』って。馬体はピカピカだし、本当にスタイルがいい。現役を引退してすぐにやってきたってくらいに馬体は仕上がっていて、とても乗馬をしていた馬とは思えなかったですよ」

高齢になってもその美しい栗毛の馬体は、現役時代と遜色がなかったというマイネルキッツ。おっとりとした性格も現役時代のままで、環境が変わると大抵の馬は慣れるまでは鳴いたり、放牧地に放せば走り回ってじたばたしたりするというが、マイネルキッツは放牧地に行っても動ずることがなかった。それだけに太田さんをして、

「ＡＥＲＵに来た馬で一番扱いやすい馬だった」

と言わしめるほど。基本的には優等生で、悪さをすることはほとんどなく、その高貴なイメージも相まって「王子様のよう」と太田さんは感じていたという。果たしてＡＥＲＵに来て数日が経つと、マイネルキッツの「王子様キャラ」は次第に色濃くなっていった。

「ＡＥＲＵに来てすぐのころはとにかくプライドが高かったのか、人との間に壁を作るところがあったんです。だから知らない人や信頼関係を築けていないスタッフが近づいてくると耳をすぼめたり、手入れの時にちょっと威嚇してきたり（笑）。いわゆる人見知りな面があったの

最初は人見知りですべてのスタッフに気を許さないところもあったというマイネルキッツ。とにかくシャイな性格なのだ。

かもしれないですね」

環境に慣れた現在では、どのスタッフが近づいても威嚇することなく甘えてくれるようになったというが、それでも馬房裏の扉から顔を出している時に青草を渡すと、他の馬たちはそのまま食べるが、マイネルキッツはすぐにではなく、一度咥えて馬房の中に隠し、しばらくしてからこっそりと食べるのだそうだ。まるで人前で食事をしている姿を見られるのを嫌がっているかのような行動。人見知りは多少改善されても、根っこの部分にあるシャイな性格は変わっていないのかもしれない。

さすがステイヤー 精神的にタフ！

そんなどちらかといえば陰キャな馬だからこそ、陽キャの同僚・ナカヤマフェスタとは気が合うのかもしれない。この取材当時、マイネルキッツと一緒の放牧地にいるのは決まってナカヤマフェスタで、彼のテリトリーを邪魔しないように少し後ろをついていくのが定番。その様子はまるで、横浜の根岸競馬記念公苑時代の同僚マイネルネオスとの関係性を彷彿とさせる。

「人に対して人見知りをしたように、馬に対してもそういうところがあるのかも。広く浅くというより、交友関係は狭いかもしれないけど、深い仲になっていくタイプなのかな」

と、マイネルキッツの人や他馬との付き合い方を太田さんはそう分析する。

人見知りでシャイ――この部分だけを見ると乗馬として10年のキャリアがあるようには思えないが、

「種馬を経ずに乗馬になったことがマイネルキッツの強みにもなっている」

と太田さんは語る。

「一番の違いは精神的な強さですね。実はマイネルキッツの放牧地を馬房の手前側のエリアではなく、奥の方に替えたんですが、特に変わることなく落ち着いています。馬にとっては大きな変化なはず

マイネルキッツの馬房。ファンから届いたお守りも下げられているが、そのファンは「マイネルキッツひと筋！」の人が多いという。

なのに、気にせずにいられるのは精神的な強さや乗馬としての経験があるからこそ。世話をするこちらとしては、これほど扱いやすい馬はそうそういません」

現役時代は天皇賞・春をはじめ、8勝中5勝を2000メートル以上の距離で記録したマイネルキッツ。当時から折り合い面で苦労したことがあまりない馬だったようだ。精神的に強く我慢が利くのは、ステイヤーならではの傾向だと太田さんも語っていたが、こうしたところも乗馬としての適性に表れていたのかもしれない。また、太田さんによると種牡馬経験のない乗馬という点で、その違いが少なからずあるという。

「一番はファンの違いですかね。今、AERUにいる馬たちは種牡馬を経てからここにやってきたので、馬そのものが好きだったという方と産駒を応援していたという方が来てくれます。一方、マイネルキッツの場合は産駒がいないので、マイネルキッツそのものが好きという方や根岸競馬記念公苑時代に乗ったり、ブラッシング体験をしたという方が来てくれます。そうした方たちは他の馬たちのファンと少し違って、別の繋養馬も併せてというより、マイネルキッツばかりをずっと見ていることが多いんです。だからファンの数そのものは他の馬と比べると少ないかもしれませんが、その熱量は他の馬以上かもしれません。でも肝心のマイネルキッツは、会いにきてくれたファンにちょっと塩対応気味なんですけどね（笑）」

優等生で悪いことは一切しないけれど、どこかプライドが高く人見知りのシャイな性格……現役時代からどこか飄々としたところがあったマイネルキッツのそうした面は、年齢を経た今でもあまり変わらない。だからこそ彼は、いつまでもファンを虜にしているのだろう。

マイネルキッツの現在は？

- 根岸競馬記念公苑で乗馬活動後、うらかわ優駿ビレッジAERUで繋養されている
- プライドが高く王子様キャラ
- 精神的に強く扱いやすい

ディープ世代の実力馬がCMで話題になって再脚光!

アドマイヤジャパン

文/不破由妃子

YogiboのCMで競馬ファン層以外にもその魅力を発信しているアドマイヤジャパン。

自然と撮れた奇跡の動画

Ｙｏｇｉｂｏに長い首差しを預けて、ゆったりと寝転ぶ栗毛の馬――競馬界を飛び越えてSNSをにぎわせ、さらには契約金1000万円で全国放送のCMにまでなったあの動画。そこに映っていたのは、2005年の菊花賞でディープインパクトにギリギリまで抵抗したアドマイヤジャパン。初めてあの動画を目にした時は、「ああ、幸せな余生を送っているんだな」と、温かい気持ちになったのを覚えている。

「Ｙｏｇｉｂｏの社長に『この動画、アップしていいですか?』と聞いたところ、『いいよ』ということで、社長と僕の2人でほぼ同時にXに出したんですよ。反応はすごいものがありましたね。びっくりしました」

そう振り返ったのは、『Ｙｏｇｉｂｏヴェルサイユリゾートファーム』(以下、ヴェルサイユ)の代表、岩崎崇文さん。あの動画をきっかけに、ヴェルサイユの存在も一気にメジャーとなった。

やはり真っ先に聞いてみたかったのが、あの動画を撮影した際のシチュエーション。2021年より株式会社Ｙｏｇｉｂｏとネーミングライツ契約を結んでいるヴェルサイユだけに、結果ありきでカメラを構えたのか、それとも――。

「最初からあれを狙っていたわけではなく、自然と撮れた動画でした。今思えば、奇跡に近いですね。あの日は、放牧中のジャパンが首を起こして座っていたので、Ｙｏｇｉｂｏと一緒に動画を撮れたらいいなと思い、とりあえずＹｏｇｉｂｏを

重賞勝ちは2005年の京成杯（GⅢ）のみ。しかし、同世代のヒーロー・ディープインパクトをクラシック戦線でもっとも苦しめたのはこの馬だ。

写真／宮原政典

プロフィール

生年月日	2002年4月16日生まれ
性別	牡馬
毛色	栗毛
父	サンデーサイレンス
母	ビワハイジ（母父：カーリアン）
現役時調教師	松田博資
現役時馬主	近藤利一
戦歴	10戦2勝
主な勝ち鞍	京成杯
生産牧場	早田牧場新冠支場（新冠）
現在の繋養先	Yogiboヴェルサイユリゾートファーム（日高）

現在までの軌跡

2004年12月にデビュー。西の有力馬の1頭としてクラシックに参戦するが、最強馬ディープインパクトに三冠を達成される。それでもディープに肉薄したレースもあり、ライバルの1頭と称された。2006年に屈腱炎を発症して4歳で引退。2007年から2018年まで種牡馬として供用された。現在は功労馬として繋養される傍ら乗馬としても活躍中。

そっと横に置いてみたんです。そうしたら、動画のようにパタンと（笑）。まさかあんなふうに寝てくれるとは思っていなかったし、しかも何度も繰り返したわけではなく、1発で撮れたんです」

岩崎さんにその時の気持ちを聞くと、「これはもらったなと（笑）」。半ば偶然の産物とはいえ、それまでにも管理する馬たちの日常を切り取って発信し続けてきた岩崎さんは、その動画が持つ訴求力を瞬時に感じ取ったという。

「とはいえ、反響は予想以上でしたけどね。『ヴェルサイユリゾートファーム』という名前が一気に広まりましたし、会員数も来場者数も増えた。とくに、全国にCMが流れている間はすごかったです。2023年はコロナ明けだったこともあり、ちょっと読めないところもありましが、2024年は平均して数％は来場者数が増えています」

ヴェルサイユの特徴として、大放牧地が見渡せる位置に宿泊施設が併設されているのだが、最近は会員だけではなく、一般のファンも多数宿泊しているという。

「SNSをメインに評判が広がっているようです。競走馬や競馬に興味のない層にも届いたかなという実感があります」

競走馬支援の鍵を握るのは、継続的な事業展開と人材確保。そのための最大のテーマが「裾野を広げること」だとしたら、アドマイヤジャパンの例は最高の成功モデルといえるだろう。

人に襲いかかるほど危険だった馬が……

種牡馬引退後、新冠町の安達洋生牧場で繋養されていたアドマイヤジャパンがヴェルサイユに来たのは、2019年の7月。岩崎さんがあの動画をアップした約3年前だ。

めちゃくちゃ激しい気性だったアドマイヤジャパンも、今では周囲が驚くぐらいおとなしくなった。

「うちと契約している装蹄師さんの仲介だったのですが、それまでのジャパンを知る人は、あの動画も含め、今こうしてゆったりと過ごしている様子を見て、みなさん『信じられない』と言います。つい先日も、(アドマイヤジャパンが後半の種牡馬時代を過ごした)優駿スタリオンステーションにキタサンミカヅキを引き取りにいったのですが、スタッフの方が『アドマイヤジャパンがあんなふうになるなんて!』と驚いていました」

ヴェルサイユに来たことで、認知度も気性もガラリ一変したアドマイヤジャパン。引き取った当初は気性が荒く、岩崎さん曰く「ちょっと怖かった」という。

「優駿スタリオンさんからも『危ない馬だから』とは聞いていたんです。そうなんだ……と思っていたのですが、本当に危ない馬でした。立ち上がって、手綱を持っている人間に襲いかかってくるんです。それこそ殺しにくるといったら大げさかもしれませんが、人間を叩いてやる!みたいな動作を繰り返して。その後、去勢をしたんですけど、去勢したからといってすぐに変わるわけではないので、しばらくはそんな状態でした」

それが今や——件の動画を極端に捉えれば、動物として〝警戒心ゼロ〟。その他にも、ヴェルサイユの公式YouTubeチャンネルの中には、心からリラックスしているアドマイヤジャパンの姿をいくつも見つけることができる。

「リトレーニングのために千葉県の乗馬クラブに出したのですが、そこから帰ってきたらおとなしくなっていて。去勢との相乗効果かもしれませんが、本当に変わりました。今では、曳き馬をしてお客さんを乗せたりしていますからね。一般の素人さんを乗せるので、おとなしくないとできない仕事です。そういう意味でも、ジャパンは本当に変わりました」

普段は大放牧地で群れで過ごしているというアドマイヤジャパン。競馬ファンの中には、YouTubeなどを通してご存じの方も多いと思うが、群れの中に1頭、ジャパンが大好きで大好きでたまらない牝馬がいる。

「ジャパンはとにかく、スカーレットレディが好き(笑)」

という岩崎さん。スカーレットレディといえば、従兄妹にダイワメジャー、ダイワスカーレットがいる良血馬。母としてヴァーミリアンを筆頭に、重賞勝ち馬4頭を輩出した名牝であり、ジャパンよりほんの少し後に功労馬としてヴェルサイユに加わった。

「ジャパンとレディは、常に一緒にいます。ただ、ジャパンがひたすらついていっている感じで、レディは別にジャパンがいなければそれでもいいという塩対応なのですが(笑)。今のジャパンは、もう本当に手がかからないですし、『レディさえいればそれでいい』という感じで、穏やかに毎日を過ごしています」

普段は大放牧地で過ごすアドマイヤジャパン。今の大好きなお相手は、多くの活躍馬を産んだ名牝スカーレットレディ。

先にも述べたが、引退馬事業の成否の鍵を握るのは、やはりその継続性だ。JRAからの助成金や会員からの会費という下支えはあるものの、やはりそれだけでは、未来につながる展開は望めない。

「継続してやっていくには、ジャパンのように稼げる馬を作ること。狙ってできるものではありませんが、それは本当に大事なことです」

オジュウチョウサンの項で触れたが、現在岩崎さんは継続的な事業展開を見込んで、本州進出の目途を立てている。それともうひとつ、ライフワークとなっているのが、馬たちの個性を見つけること。

「他の馬とは違うことをするよという個性をアピールしてあげれば、競走馬としては無名の仔でも、ファンがついてくれるんですよね。それはSNSを通して実感しています。各馬の個性を見つけてあげられるのは、人間だけですからね。そもそも馬の様子をよく見るというのは僕らの仕事の一環ですから、そこで個性を見つけてSNSで発信する。規模の拡大と並行して、これからも地道に続けていこうと思っています」

アドマイヤジャパンの一件で、SNSのパワーを知った岩崎さん。業界の風雲児がどんな未来を見せてくれるのか。もはや期待しかない。

アドマイヤジャパンの現在は?

- Yogiboヴェルサイユリゾートファームで余生を過ごしている
- Yogiboと高額のCM出演契約を結んだ
- 激しく危ない気性が今では穏やかに

メイショウドトウ

覇王の宿命のライバルが新しい仲間たちと過ごす穏やかな日々

文／佐々木祥恵

高齢でも食欲旺盛で、基本的に手のかからない馬だというメイショウドトウ。仕草もかわいらしい。

写真／朝内大助

不屈の馬が乗り越えた馬生最大のピンチ

テイエムオペラオーの前に幾度となく2着に敗れ、戦うこと六度目にようやく宿敵を倒し宝塚記念を制した。不屈の馬メイショウドトウが、晴れてGIホースとなってから23年。現在は、私が働く北海道新冠町の引退馬牧場ノーザンレイクで余生を過ごしている。

ドトウが、今は亡きタイキシャトルと共にノーザンレイクに移動したのは2021年6月16日。『ウマ娘』のモチーフになったこともあり、シャトルとともに人気が高かった。牧場ではこの2頭を支える認定NPO法人引退馬協会の会員やファンに楽しんでもらおうと、SNSを頻繁に更新。画像や動画に映し出されるドトウの愛くるしい表情や仕草が、さらに人気を呼んだように思う。

シャトルに比べておっとりしたイメージのあるドトウだが、放牧や収牧の時にテンションが上がって立ち上がるシーンがこれまで何度もあった。去勢しているにもかかわらず、発情した牝馬のにおいにもドトウは敏感だ。発情期の牝馬を触れた後にうっかり近づこうものなら、ブフフッと鼻を鳴らして反応する。興奮して人間に乗ろうとするなど万が一があってもいけないので、牝馬のにおいのついた上着を替えてから接するようにしている。

両後ろ脚の繋ぎの部分の皮膚が弱く、炎症を起こしやすいのでそのケアに努めてはいるが、元来が丈夫なのだろう。基本的に手のかからない馬だ。食欲も旺盛で、放牧地では、高齢とは思えない勢いで青草を食んでいる。放牧地で草に夢中なドトウの顔のアップを撮影したところ、食む瞬間のムギュッと皺が寄った鼻が好きなファンが多いことがわかった。以来、折に触れて食べるドトウの鼻アップを撮

2000年の宝塚記念以降、GⅠでテイエムオペラオー相手に2着5回と惜敗を続けたが、1年越しの宝塚記念で、ついにライバル超えを果たして優勝した。

写真／宮原政典

プロフィール

生年月日	1996年3月25日生まれ
性別	牡馬
毛色	鹿毛
父	ビッグストーン
母	プリンセスリーマ（母父：アファームド）
現役時調教師	安田伊佐夫
現役時馬主	松本好雄
戦歴	27戦10勝
主な勝ち鞍	宝塚記念、日経賞、オールカマー、金鯱賞
生産牧場	P.ハーディー（アイルランド）
現在の繋養先	ノーザンレイク（新冠）

現在までの軌跡

1999年1月にデビュー。4歳で本格化すると、以後はGⅠ戦線でテイエムオペラオーと激闘を繰り広げる。GⅠではずっとオペラオーの2着に甘んじていたが、5歳時の宝塚記念でついに宿敵を破りGⅠ初制覇を飾る。同年の有馬記念をラストランに現役を引退し、種牡馬となった。種牡馬を引退後は引退馬協会のフォスターホースとなり、2021年からノーザンレイクで穏やかな日々を送っている。

るようにしている。

ドトウ人気にさらに火が点いたのは牧場猫のメトとの交流だった。メトはノーザンレイク開場3日目に突如として現れ、馬たちにも最初から自然体で接し、気がつけばノーザンレイクの一員になっていた。観察していると、馬たちは概して猫に寛大で、メトを抱き上げてそばに行くとほとんどの馬がメトに鼻面を寄せてくる。ドトウも例に漏れず、メトがドトウの放牧地に入るとすぐ近づいていく。追えば逃げるの法則で相手からズンズン来られると、メトは小走りに柵の外に逃げた。

そんな状況がしばらく続いたある日、奇跡が起こった。私が他の馬の手入れ中に何となくドトウの馬房の方向を見た。するとメトがドトウの馬房の馬柵棒（ませんぼう）に上ろうとしていたのだ。急いでスマホのカメラを起動させてスイッチを押す。するとメトは、よじ上った馬柵棒からドトウの背中に飛び乗った。その時ドトウは桶に顔を突っ込み飼い葉を食べていたのだが、メトが背中に乗った瞬間もその後も何事もなかったかのように食事を続けていた。メトはといえば毛繕いをしたり、方向転換をしたり、天井を見上げたりしていつもより高い位置から見る馬房内の様子を楽しんでいるようだった。飼い葉を食べ終わったドトウが動くたびにメトはうまくバランスを取ってその背中にしばらく居続けた。この時の動画をツイッター（X）に投稿すると8万以

ドトウと仲良しの牧場猫メト。甘えん坊の男の子だ。

放牧地では、高齢とは思えないほどの勢いで青草を食む。その瞬間の皺が寄った鼻が好きなファンも多いという。

写真／朝内大助

上の「いいね」がつき、バズってしまった。それからというもの、ドトウとメトはコンビとして認知されるようになった。こうしたドトウ人気は、『ウマ娘』やメトの効果もあるが、かわいらしい表情や行動、仕草など、ドトウの持って生まれた資質によるところが大きいと感じる。

また、SNS上でタイキシャトルを「シャトじいじ」、ドトウを「ドットさん」と記載し始めた。ドットさんの場合、呼んでいるうちに「ドトウさん」が「ドトさん」になり、いつしか「ドットさん」になっていた。愛嬌のある響きだったので思い切ってSNSで使い始めたのだが、「シャトじいじ」と共に割とすんなり浸透していった。

イーストスタッド、ヴェルサイユリゾートファーム、ノーザンレイクとずっと一緒に移動してきたタイキシャトルが、2022年8月17日に急逝した。この日の朝のことは、今でもよく覚えている。いつもはすぐ隣の放牧地に来るシャトルが姿を現さないため、ドトウは放牧地から厩舎に向かって何度も嘶く。哀しげなその声が敷地内に響き渡った。ドトウはシャトルがいないということを悟ったのか、翌日からは向かいの放牧地に放たれる牝馬たちが来るのを、放牧地の出入り口で待つようになった。そして牝馬たちが放牧地に入るのを見届けてから、草を食み出す。数日するとシャトルがいない日常に慣れてきて、牝馬たちを待たずに草を食むようになっていた。

2023年12月3日、ドトウの日常に変化が生じた。競走馬時代は日経賞に優勝し、引退後は主に東京競馬場で誘導馬、乗馬で活躍していたネコパンチが牧場の新メンバーとなった。馬運車が到着し、馬の気配を感じたドトウは、「新しい仲間が来た！」とばかりに放牧地の奥から嘶きながら走ってきた。ネコパンチは1年以上空いていたシャトルが過ごした馬房に収まったが、ソワソワしていたのは新入りよりもドトウの方だった。先に放牧されるドトウは、今度は牝馬たちではなくパンチを出入り口で待つ。パンチがドトウの放牧地の前を曳かれながら通り過ぎると、ドトウもパンチを追いかける。パンチが放牧地に入るのを見届けると、安心するのか草を食み出す。これを毎日繰り返していた。捻挫で舎飼いが続いたパンチを久し振りに放牧した時のドトウは、飛び跳ねて走り回り、全身で喜びを表していた。その姿を目にして、シャトルが急にいなくなったことが寂しかったのだと実感させられた。そして新しい仲間ができたのは、ドトウにとって相当うれしい出来事のように見えた。

難しい開腹手術も無事乗り越え、体調も良好。
元気に放牧地を動き回るメイショウドトウ。

写真／朝内大助

いつも食欲旺盛で元気印のドトウが疝通を起こしたのは、２０２４年２月23日だった。獣医の診察を受け、腸捻転の可能性もあるということで新ひだか町にある家畜高度医療センターに運んだ。検査の結果、幸い捻転はしていなかったが、入院して様子を見ることになった。

しばらく小康状態が続いていたが23時前後から痛みが強くなり、23時半ごろ開腹手術に踏み切った。明け28歳の高齢馬の全身麻酔は命を脅かし、若馬に比べて筋力が衰えているので、麻酔から覚めて起立する時に骨折のリスクがある、と獣医師からは説明を受けていた。それだけに見守っているこちら側は生きた心地がしなかったが、ドトウの手術は無事に終わり、懸念されたリスクをすべて乗り越えてくれた。２月25日に退院し、お腹に包帯を巻いた姿で馬運車から下りてきたドトウをメトも出迎えた。その日から朝夕術後のケアに獣医の往診が続いた。高齢の影響で奥歯がすり減り、食べ物を十分にすりつぶせず未消化の繊維質が結腸付近に詰まったのが疝痛の原因だったので、食事は消化の良いものが中心になった。退院後はなかなか水分を摂ってくれず、ボロの出が悪かったり、硬くなったりしたので、朝夕大量の点滴をした。毎日ボロの出る出ないで一喜一憂し、しばらくは気持ちが休まらなかった。それでもドトウの食欲は日に日に増していき、開腹部位も順調に回復したので、３月４日に曳き運動を開始。パドックでの放牧を経て、４月15日には広い放牧地への放牧を再開し、ほぼ普通の生活に戻った。明け28歳での手術は携わったすべての人にとっても恐らく初めての経験で手探りの部分も多かったはずだが、ドトウ自身の芯の強さがあったからこそ回復できたのだと思う。

全身麻酔の開腹手術を見事に乗り越えたドトウ。今日もまたメトに見守られながら、放牧地で青草を美味しそうに頬張っている。

メイショウドトウの現在は？

- 引退馬牧場ノーザンレイクで余生を過ごしている
- 牧場猫メトとのコンビで人気沸騰
- 難しい手術を無事乗り切る強い精神力を持つ馬

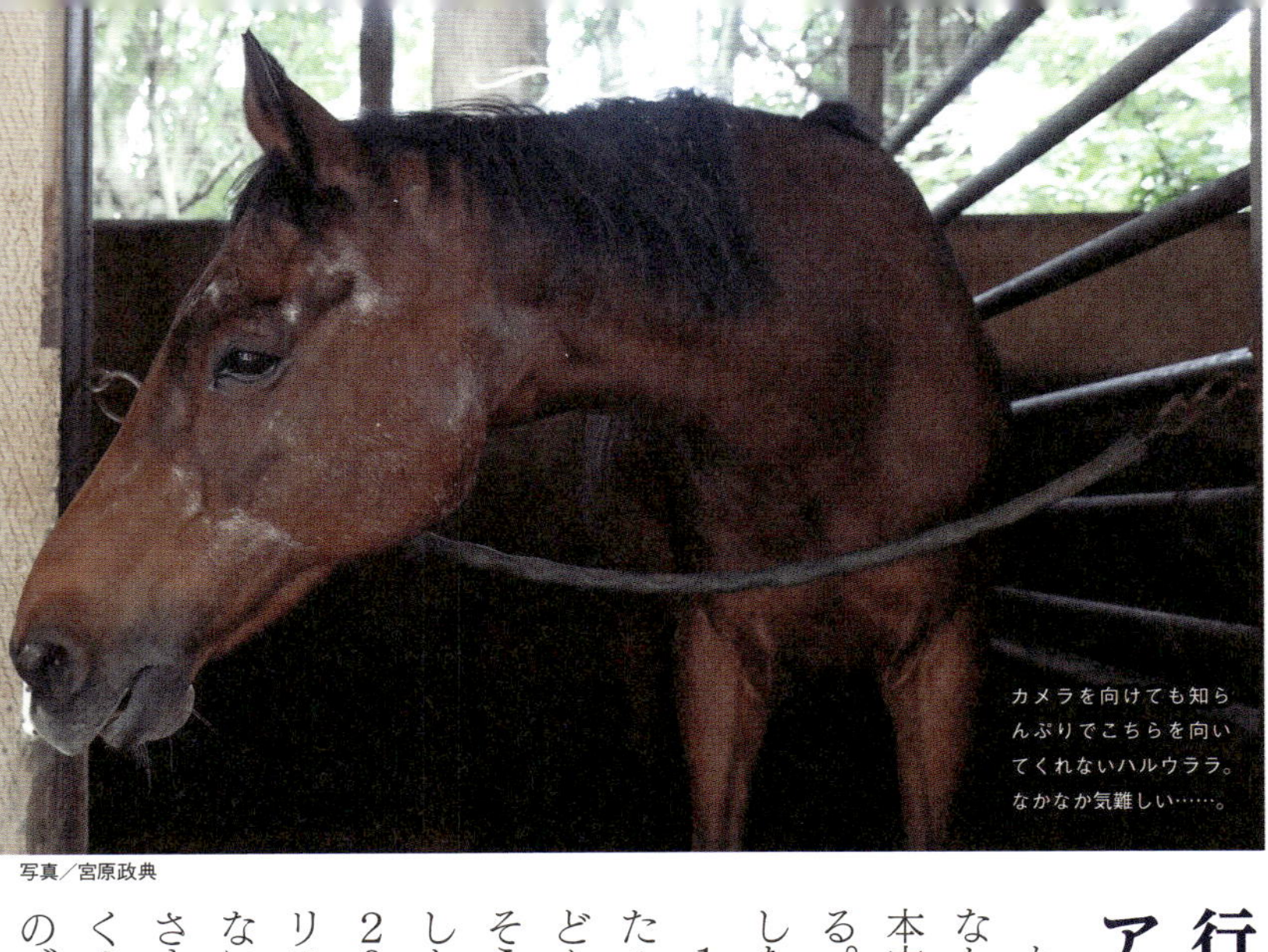

カメラを向けても知らんぷりでこちらを向いてくれないハルウララ。なかなか気難しい……。

写真／宮原政典

負け続けて愛された馬の行き着いた先

ハルウララ

文／岡野信彦

行方不明といわれたアイドルホース

かつて100戦以上走って一度も勝てなかった馬がアイドルホースとなり、日本中に大ブームを巻き起こしたことがある。「負け組の星」と呼ばれて一世を風靡したハルウララである。

1998年に高知競馬場でデビューしたハルウララ。生涯成績は113戦0勝。どんなに走っても勝てない馬——通常そうした馬が脚光を浴びることはない。しかし、ハルウララが現役で走っていた2000年前後は、史上最悪の失業率とリストラの嵐が日本を襲った時代。どんなに負けても走り続けるハルウララは、さまざまなメディアで取り上げられ、多くの人に勇気と希望を与えた。しかしそのブームの最中、2004年秋に放牧に出されたハルウララは、そのまま高知競馬場に戻ることなく引退。その後、行方が報じられることはなくなった……。

そんなハルウララの消息が久々にメディアで発信されたのが2014年。同馬の余生を見守る『春うららの会』が発足し、近況が伝えられた。今回その『春うららの会』の代表にして、同馬が繋養されているマーサファームを運営する宮原優子さんに、引退後の紆余曲折や現在の様子などを聞くことができた。

「ウララは引退後にここの隣町の勝浦でセラピーホースをやる話があったみたいですが、北海道の牧場を転々として、前のオーナーが繁殖にするっていうことで動いていたみたいです。しかもディープインパクトを付けるって(笑)。種付料は当時900万円くらいで、今でいうクラウドファンディングでお金を集めようとしたけど集まらなくて、次はステイゴールドを付けると言っていたようです(笑)。でも当時、ウララは16とか17歳。結局繁殖をあきらめてこっちに連れてくるとい

プロフィール

生年月日	1996年2月27日生まれ
性別	牝馬
毛色	鹿毛
父	ニッポーテイオー
母	ヒロイン（母父：ラッキーソブリン）
現役時調教師	宗石大
現役時馬主	信田牧場→横山貴男→（株）エムエイオフィス
戦歴	113戦0勝
主な勝ち鞍	—
生産牧場	信田牧場（三石）
現在の繋養先	マーサファーム（千葉県・御宿町）

現在までの軌跡

1998年11月に高知競馬でデビュー。1999年以降年間20レース近く出走しながら一度も勝てなかったが、100戦して勝てなくてもひたむきに走る姿が感動を呼び、「負け組の星」として社会現象となる。その後、現役継続かどうか関係者間で検討され、2006年10月に競走馬登録を抹消。繁殖に入らず行方もわからなくなっていたが、2012年からマーサファームで繋養され、余生を過ごしている。

うことで、2012年にうちが引き取ったんです」

しかし、それまでまったく消息が掴めなかった馬だけに、本当にハルウララなのかという声もあったはずだ。

「目立った特徴のない馬ですけど、オーナーが連れてきたということと、健康手帳が一緒についてきましたから。でも私は連れてきた馬が本物のハルウララじゃなくても構いませんでした。ハルウララだから預かるというわけではなかったですし。ただ、引き取って『春うららの会』を作る時、証明になる健康手帳があったのはよかった。会を立ち上げたら、すぐに80人くらい会員さんが集まってくれました。涙ながらに『生きていてよかったです』っていう電話をいただいたりして」

ハルウララ無事の報は、気にかけていたファンには朗報だったろう。それでも「連れてきた馬が本物のハルウララでなくても構わなかった」という宮原さんの言葉には、彼女の馬への深い愛情が感じられた。ところが宮原さんのハルウララへの第一印象は意外なものだった。

「やだなって思いましたね（笑）。事前にやんちゃだとかすごい手がかかるとか情報は仕入れていたんですが、馬運車から下ろして馬房まで来るのに飛んだり跳ねたり、うわっ、怖っと思って。怖がりなんですよ。そもそも輸送も苦手らしくて場所が変わったストレスもあったのか、とにかくすごかったです」

2004年3月の高知競馬「YSダービージョッキー特別」で武豊騎手がハルウララに騎乗。当時大きな話題となった。

写真／宮原政典

仲良しのマーキュリーとツーショット。ハルウララはマーキュリーの相当年上のお姉さんだが、とても馬が合う。

写真／宮原政典

そんな不安いっぱいのハルウララの気持ちを和らげてくれたのは、パートナーともいえる馬たちだった。

「前のオーナーから、ウララが来る前に2頭預っていまして。そのうちの1頭とウララが仲良しだったというのも、ウララがここに来た理由です。ウララってあの性格だからあんまり友だちを作るタイプじゃないんですけど、その仔のことは信頼していて横にいると落ち着くようでした。でもその仔が亡くなって。今はマーキュリーという仔が一緒にいます。マーキュリーも性格が穏やか。一緒にしたらそんなわがままもしなくなりました」

馬と馬が同じ環境で生きていく上で、相性というのは重要なのだろう。

「ウララはあの仔にぶつけてるんです。寂しい時は呼んで、大好きなニンジンが絡むと『あんたどっか行って』って。なんかうまいことやっていますね（笑）」

わがままで自己中 しかも飽きっぽい

マーキュリーへの当たりを見てもわかるように、ハルウララはとても感情表現の豊かな馬なのだそうだ。

「すぐ顔に出しますよ。気に入らないと怒りますし」

宮原さんとハルウララが過ごした年月は12年を超える。長年連れ添っていると、ハルウララの表情ひとつで何を思い、伝えようとしているのかわかるようだ。

「怒っている顔をします。顔が引きつるんで。彼女の中では決まり事がいろいろあって、たとえば放牧に向かう時間帯にどこかにつなごうとすると『嫌、放牧なの！』って。放牧から帰る時もちょっと違うことをしようとすると『嫌、帰るの！』って主張します。昼寝の時間も邪魔すると怒ってくるし。わがままで自己中で気持ちの振り幅が極端です。持ち上げとかないとすぐ機嫌を損ねますね（笑）」

宮原さんは、ハルウララが現役時代に結果を出せなかった理由もこう分析する。

「飽き性なんですよ。血統的には長距離も大丈夫なはずなのに、現役の時に短距離ばかり使っていたのは飽きっぽいからかも。30分とか40分とか普通に運動させるんですけど、20分で飽きます。好きなことだとずっとやっているんですけどねぇ。とりあえず人も乗せることは乗せる。でもちょっと運動すると、『はい終わ

宮原さんに馬房へと曳かれるハルウララ。ここでいつもの予定と違うことをすると、気分を損ねてしまう!?

写真／宮原政典

り、下りて』って落とそうとします。危ないコイツって（笑）」

ハルウララも28歳。年齢的にはもう少し穏やかになってもよさそうだが。

「人間の子どもにはやさしいですよ。ちょっと困ってたり、怖がっている子どもにはとてもやさしい。意外とセラピーホースに向いてたかもしれませんね。でもズカズカ来る大人には寄らないです。犬や猫とか他の動物にも興味がなくて」

今では『ウマ娘』でハルウララを知って訪ねてくる人も増えた。しかし、ハルウララが自らファンサービスしてくることはないという。基本的にはお尻を向け、大好きなニンジンを持ってきたら少しサービスして、カメラを向けると仕方ないなという感じでポーズを取るそうだ。

「カメラとか物怖じしないんで女優とか言われます。すごいんですけど、わかっているのかわかっていないのか（笑）」

ハルウララの毎日は、朝ごはんを食べて放牧に出て、昼に戻ってきて昼ごはんを食べてお昼寝して、そのあと晩ごはんを食べて、の繰り返し。宮原さんは、

「この先も変わらないでしょうね、きっとこのまま。ウララに対しても愛着やら愛情やら何か湧くのか、よくわからない。わからないっていうか、うーん」

ずっとハルウララの世話をし続けている宮原さん。そこに特別な感情はあるはずだが、その思いや関係性を言葉で表現するのは難しいようだ。

「友だちやパートナー……そういう感じじゃないですね。『切っても切れない縁』というか、切ろうと思っても切れないとこですね。向こうが何か返してくれるわけでもないけど、勇気とか何かもらってるとかそんな素敵な関係でもない。きっと周りから見れば綺麗な関係なんでしょうけど、お互いにいいスタンスを保っていて、私にあまりぶつけてこない。ちょうどいい距離感なのかもしれません」

紆余曲折の末に、ようやくハルウララは勝ち負けとは無縁の素の自分でいられる環境と人の元に辿り着いた。宮原さんとハルウララの「縁」は、これからもずっと続いていくことだろう。

ハルウララの現在は？

- 千葉県のマーサファームで余生を過ごしている
- 素の自分をさらけ出して気ままに暮らしている
- 子どもにはとてもやさしい

立ちはだかる厳しい現実

隻眼の牝馬を繁殖として生かす道を選んだ関係者たち。馬の健康状態と共に、育てる費用への不安がよぎる中、彼らが取った行動とは？　いよいよ関係者と福ちゃんの大冒険がスタートする！

文／治郎丸敬之　構成／緒方きしん

僕たちは、生まれつき小眼球症で左目が見えない牝馬を生かすと決めてから、彼女のことを「福ちゃん」と呼ぶことにしました。福ちゃんは片目以外は健康そのもの。肢が長くて、飛節や膝などの骨格もしっかりとして馬体も大きく、とにかく良くお乳を飲みます。そんな彼女が生きる道を、なんとかして見つけたい、というのが素直な思いでした。僕たちは甘いのかもしれませんし、ハッピーエンドになるのかバッドエンドになるのかもわかりません。しかしそこから、碧雲牧場と僕と福ちゃんの大冒険が始まったのでした。

福ちゃんに会いにいくと、彼女にとって初めての放牧に立ち会えました。しかし放牧地に出すと、福ちゃんは突如、ラチ沿いに高く積もっている雪山に向かって突進していったのです。唖然としましたし、牧場の方も「なんでそっちに行くんだよ！」と驚きを隠せません。碧雲牧場には、過去、初めての放牧でそのような行動を取った馬はいなかったそうです。こうした珍しい動きを目にするたび、僕たちはどうしても、「片目が見えないからではないか……」と不安を覚えます。病気が原因ではなく、その馬の個性的な行動であったとしても、目が見えないことに理由を求めてしまうのです。

そして、僕の前には他にも厳しい現実がありました。繁殖牝馬になれる4歳までの預託費、ケガや事故の心配、そして医療費の負担です（繰り返しになりますが、当初は競走馬になれないと考えていました）。

そこで僕は、福ちゃんの成長を発信し、競馬ファンに知ってもらい、応援してもらおうと思いつきました。ファンがつくことで支援を得られるかもしれませんし、また、片目というハンデがあっても、普通に生きていくことができて、母にもなれるという道を示せるかもしれないと考えたのです。

碧雲牧場で穏やかな日々を送り始めた福ちゃん。母ダートムーアの前では年齢相応に甘えっ子な一面も。愛情をたっぷり受け、すくすくと育つ。

第４回（P140）に続く

第4章
最期を看取られた
あの名馬たち

ノーリーズン
ジャングルポケット
ウイニングチケット
タイキシャトル
ナイスネイチャ

ノーリーズン

野馬追で活躍した衝撃の皐月賞馬

自分がどんな存在か知っていた馬だった

文／大薮喬介

野馬追でも活躍したノーリーズン。精悍な顔つきに元GⅠ馬の風格が漂っている。

写真／朝内大助

1000年以上の歴史を誇る福島県南相馬市の伝統行事・相馬野馬追。行程は3日間で、2日目には街中を総勢400騎の騎馬武者が行進する「お行列」から始まり、祭場地に到着後は速さを競う「甲冑競馬」、打ち上げられた花火の中から落下してくる2本の御神旗を騎馬武者たちが獲り合う「神旗争奪戦」が行われる。例年7月に行われていたが、2024年は猛暑対策として5月末に開催された。奇しくもその同月7日に、ノーリーズンは静かに息を引き取った。享年25歳だった。

2002年に15番人気の低評価を覆して皐月賞を制覇。同年秋の菊花賞では1番人気に推されたものの、スタート直後に落馬するというアクシデントでファンを騒然とさせた。勝っても負けても大きなインパクトを残した馬だった。その後、2004年に競走馬を引退して種牡馬入りしたが、目立った産駒を出せず、2010年に乗馬として南相馬市で第3の馬生をスタートさせた。ところが、2011年の東日本大震災で宇都宮大学へ一時避難することに。南相馬市へ戻ってこられたのは2014年。その後は縁あって同市の鹿頭ステーブルで余生を過ごすことになった。

「(2024年)1月ごろだったと思うんですが、知り合いから連絡があって、ネットの記事か何かでノーリーズンが『ウマ娘』になると。所有者の自分が何も聞いていなかったので、ちょっとびっくりして。そこから亡くなるまでの5カ月間に50人以上のファンが来ました」

と、話をしてくれたのは、鹿頭ステーブル代表の鹿頭芳光さん。ノーリーズンの見学は基本的にいつでも許可していた。

「亡くなる2日前にもファンの人が来ました。その時もあまり調子が良くなくて、

抽選をくぐり抜けて出走した皐月賞を15番人気で勝利。ブレット・ドイル騎手の騎乗も光ったが、電光掲示板に映し出された配当にもびっくり。

写真／宮原政典

プロフィール

生没年月日	1999年6月4日～2024年5月7日
性別	牡馬
毛色	鹿毛
父	ブライアンズタイム
母	アンブロジン（母父：ミスタープロスペクター）
現役時調教師	池江泰郎
現役時馬主	前田晋二
戦歴	12戦3勝
主な勝ち鞍	皐月賞
生産牧場	ノースヒルズマネジメント（新冠）
最後の繋養先	鹿頭ステーブル（福島県・南相馬市）

亡くなるまでの軌跡

2002年1月にデビュー。抽選をくぐり抜けて出走した皐月賞を15番人気で勝利するも、日本ダービー敗退後に骨折が判明。秋に復帰し菊花賞では1番人気に支持されたが落馬競走中止。以降は重賞戦線で善戦を続けたが屈腱炎で引退し、種牡馬入りする。その後、功労馬として余生を送り、2014年から鹿頭ステーブルで繋養。相馬野馬追でも活躍したが2024年5月に亡くなった。

外に出してもすぐに寝て。でも、ファンが見にきたら、ちゃんと起きて写真を撮らせてあげていましたよ」

自分がどのような存在なのかをまるで知っていたかのような振る舞い。ファンには元気な姿を見せたかったのかもしれないが、2024年5月1日の夕飼いの時に鹿頭さんは異変に気づいていた。

「食べなくなったんですよ。もともと食欲旺盛で朝も食べていたのに、なんなのかなって。最初はボロが出ていなかったので疝痛を疑いました。とりあえず曳き運動したり、点滴をしたら、結局ボロは出たんです。でも食べなかった。これはおかしいと思って、餌を変えてみたりしましたが、やっぱり食べなくて。少し暑かったので、夏バテのせいかとも思ったんだけど、これは違うなと」

その後は、だんだんと寝ている時間が増えていった。獣医にも診せて、点滴を打ちながら様子を見ていたが……。

「最期は5月7日の夕方でした。仕事中も何回か見にいって、その時は立っていたんですけど、夕方にはもう何をしても起きられない状態でした」

鹿頭さんに看取られながら、そのままノーリーズンは永い眠りについた。死因は老衰だった。

「競走馬上がりで25歳といったら長生きだったんじゃないかと思います。大往生ですよね。ナイスネイチャが35歳で亡くなったと聞いていたので、とりあえず30

生前のノーリーズンの砂浜での調教風景。砂地でのトレーニングは相応の負荷もかかるが、体力と脚力はさすがＧⅠ馬。

写真／朝内大助

歳ぐらいまでは生きるかなと思ったんですけど……」

野馬追に懸ける想いを背負って旗獲りに参加

ノーリーズンが鹿頭ステーブルにやってきた当初は、すでに乗馬になっていたこともあり、バリバリの競走馬という感じではなかったそうだ。

「でも性格はやっぱりきつかったです。噛んでくるし、他の馬に対しても当たりが強かったですから。野馬追に使う予定でしたし、人にケガをさせたら申し訳ないので、すぐに去勢しました」

普段は放牧され、のんびりと過ごしているが、野馬追が近づいてくるとトレーニングを開始する。鹿頭さんとノーリーズンは、2カ月前に始めていたそうだ。

「烏崎海公園で調教していました。午前3時半頃に馬房に来て、だいたい4時ごろに出発。調教は砂浜で30～40分くらい。そこから戻って馬を洗って、手入れをして、餌をやってとなると、もう6時ぐらいになっちゃうんですよね」

1キロ以上ある砂浜をゆっくりとはいえ2～3往復するのだから、なかなかの調教量だ。鹿頭さんもそこから仕事へ行くのだから恐れ入る。ただその甲斐あって、鹿頭さんとノーリーズンは神旗争奪戦で2回ほど御神旗を獲得したことがあり、ご子息も1本獲得したことがあるそうだ。

「最初はそのまま突っ込んでいくような感じでしたが、年齢を重ねておとなしくなっていきました。去勢して2～3年経ったころには、子どもでも乗れるくらいになりましたから」

物覚えがよく、物怖じしない、乗りやすく、悪いこともしない。それが鹿頭さんのノーリーズンの評価だ。野馬追は1年に一度のお祭り。馬を借りる場合もあるが、この地域の人たちはそのために馬を飼い、数カ月前からトレーニングをする。鹿頭さんは、5頭ほど収容できる大型の馬運車まで所有している。

野馬追装束のノーリーズンに甲冑姿で騎乗する鹿頭さん。神旗争奪戦では御神旗を獲得するほどの大活躍を見せた。

写真／朝内大助

「維持費がかかるこんな車まであてがってね。馬を飼うのもお金がかかります。俺たちはそこまで懸けてやってるんですよ、野馬追が好きで」

野馬追は和鞍を使用するため、普通の乗馬よりも一段と乗るのが難しい。鹿頭さんは独学で馬乗りを学んだというから驚きだが、身近に馬がいてふれあえる環境で育ってきたからこその賜物だろう。南相馬では4月に草競馬もあり、この地域の人々はずっと馬と共に生きてきたのだ。だからこそノーリーズンも大事にされた。2020年に新型コロナウイルスの影響で野馬追の開催が中止。それを機にノーリーズンは神旗争奪戦に出なくなった。2年ぶりの通常開催となった2022年はお行列だけに参加した。

「当時はもう20歳を越えていましたからね。年齢を考えて最後の方は行列だけでいいと思っていたし、24歳で引退と決めていましたから」

2024年に野馬追に出るという噂も流れたが、もともと参加の予定はなく、ノーリーズンはのんびりと余生を過ごす予定だった。

「馬がわかっていたのかなぁ。全部タイミングが良すぎるよね。最後の最後で『ウマ娘』に取り上げられて、ファンにその存在を改めて知らしめて。全国から食べ物とかもいろいろいただいてね。今日も生牧草バンク（贈りたい馬に生牧草を届けることができる）から届きましたよ」

亡くなった後もファンに愛され続けるノーリーズン。鹿頭さんはその生前、仕事前と晩ご飯前の2回、毎日世話をしていた。だから基本的にどこへも出かけられなかった。長かったようで、短かったような10年。いて当たり前で家族以上の存在だったかもしれないが、いつまでも悲しんではいられない。常のように鹿頭さんは朝と夕方、所有する馬たちの世話をするため、ステーブルへと向かう。

ノーリーズンが送った余生は？

- 種牡馬引退後は乗馬から野馬追馬に
- 砂浜調教効果で神旗争奪戦で大活躍
- 子どもでも乗れるおとなしい馬に変身

いつの時代もその名が注目されるダービー王者

ジャングルポケット

文／岡野信彦

ジャングルポケットに「うるさい馬」という印象を持っているファンも多いと思うが、実はものすごくおとなしい馬だったという。

写真／山中博喜

普段はおとなしい馬なのに嫌いなことにはイライラ

2001年の日本ダービーで、ジャングルポケットは直線外を豪快に伸びて快勝した。当時は皐月賞馬にして同期のアグネスタキオンが出走していたら……というファンの声もあった。しかし、ジャングルポケットは、3歳秋のジャパンカップで最強王者のテイエムオペラオーを退けている。この世代のレベルの高さを証明した一戦にして、世代交代を強く印象づけた格好だが、アグネスタキオンを「幻の三冠馬」とするには、「東京のジャングルポケット」というものすごく高いハードルを超えなくてはならないのだ。それほどジャングルポケットは、東京競馬場では無双の怪物だった。

ジャングルポケットは2003年に競走馬登録を抹消後、社台スタリオンステーションで種牡馬生活に入り、シャトル種牡馬としてニュージーランドでも繋養された。産駒には、トールポピーやオウケンブルースリ、トーセンジョーダンなどGI馬も数多い。その馬が2013年からブリーダーズ・スタリオン・ステーションで種牡馬として繋養されることになり、2020年まで種付けをした。しかし、同年秋から体調に異変を生じ、2021年3月に天国に旅立った。

「ジャングルポケットがうちに来るってなった時、『こんなすごい馬が来るの』って思いました。まあ社台さんから来る馬はどの馬もすごいんですけどね（笑）」

そう話すのはブリーダーズ・スタリオン・ステーションの場長を務める坂本教文さんだ。坂本さんは初めてジャングルポケットを見た時の印象をこう語る。

「かわいい馬でした。本当におとなしくてねぇ。みなさんね、ダービーのウイニングランでワーッてなったあれがあるから、うるさい馬っていう印象があるでしょ

2001年の日本ダービーで1番人気に応えて快勝。皐月賞馬にして世代最強と謳われたアグネスタキオンが仮に出走していても、東京なら……と思わせる強さだった。

写真／宮原政典

プロフィール

生没年月日	1998年5月7日～2021年3月2日
性別	牡馬
毛色	鹿毛
父	トニービン
母	ダンスチャーマー（母父：ヌレイエフ）
現役時調教師	渡辺栄
現役時馬主	齊藤四方司→吉田照哉・勝己→吉田勝己
戦歴	13戦5勝
主な勝ち鞍	日本ダービー、ジャパンC、共同通信杯、札幌3歳S
生産牧場	ノーザンファーム（早来）
最後の繋養先	ブリーダーズ・スタリオン・ステーション（日高）

亡くなるまでの軌跡

2000年9月にデビュー。当時クラシックの有力候補の1頭と目され、皐月賞3着後の日本ダービーで優勝。秋の菊花賞は4着に敗退したが、続くジャパンCで現役最強馬のテイエムオペラオーを撃破し優勝。翌年の有馬記念を最後に引退。2013年から2020年まで種牡馬を続けるが、2021年3月に亡くなった。

うが、ものすごくおとなしくて。しかも頭のいい馬なんですよ。けど種付所に入ったら、目つきがガラッと変わりました。種付けが嫌いだったんです(笑)」

　頭のいい馬だから、種付けを理解して上手に仕事をこなすのかと思ったら、種付けさせられるのを察知して嫌がっていたのだ。これもこれで賢い。

「みなさん過去の種付け頭数を見られることもあると思うんですけど、社台さんに繋養されていた時代にたくさん付けているんですよ。年間で200頭を超えてね。おそらくそれであんまり好きじゃなくなったタイプですね。うん」

　こちらに来てからの種付け頭数はそこそこの数だったため、そんなに苦労はしなかったようだが、

「でも好きではなかったですね。とにかく種付場の中に入ったら目つきが変わってね。持ち手の人間を襲いにきそうな顔をするんですよ。だからほんとに嫌なんだなって。あと繁殖牝馬にも当たりが強くて。なんかもうイライラしてましたねぇ(笑)」

　普段はおとなしかったというジャングルポケットだが、馬への当たりは全体的に強かったそうだ。

「基本的には気性が勝ったタイプだと思います。周りに馬がいない方がいいタイプっていうのは、社台さんからも引き継ぎで聞いていました。繁殖牝馬に限らず他の馬への当たりもきつかったから、厩

舎は一番離れた場所にしたんです。10頭が並ぶメインの厩舎にはちょっと置けなかったですね」

人に対しては当たってくることはなかったが、それでも、

「馬って怒って耳を絞るじゃないですか。ジャングルは無言で耳を絞るって感じですね。黙って怒るタイプ。だから、そういう時にちょっかいをかけにいくと、ガーッてなる。だから静かにしておけばそのうちに機嫌は直っています。余計なこと言われたくないタイプかも」

ジャングルポケットの性格を理解して、上手にあしらっていた坂本さんもさすがである。

いつまでも記憶に残る誰からも愛される馬

ジャングルポケットの享年は23歳。しかし22歳まで元気に種付けを続けていたという。受胎率も高く、「来年も現役でやりましょう」という話だったそうだ。

「身体の弱いところは全然なかったんですよね。でも食べても身になりにくいタイプで太りづらかった。22歳での種付けを終えて夏を越えて秋になって。秋になると「馬肥ゆる秋」の言葉通りで馬は太るんですが、ジャングルは全然体重も乗らない。もともと身になりにくいタイプだったし、見た目は全然普通でしたが、そのうち食べても痩せていくので、どうしたんだろうって思って獣医さんに相談して検査したら、心臓の機能が弱くなっていると。そこでもう来年種馬としては厳しいねって話になったんです」

当時は、そのような状態でも引き受けたいという人はたくさんいたそうだ。しかし、移動させるにもある程度健康になってからでないとできない。

「心臓が衰弱していったんで、強心剤みたいな薬をもらって飲ませたりとか、ずっと治療を続けていたんですけどね。それでも痩せていく一方なんですね。頑張って食べるんだけど、最後の方はかわいそ

22歳まで種付けを続けていたジャングルポケット。種牡馬として、GⅠで活躍する馬も多数輩出した。

写真／山中博喜

うな感じになってしまって。獣医さんもしょっちゅう来てくれていました。3月の最期の日の前日に『明日の朝までもたないかもしれない』とおっしゃって。実際、朝行ったら眠るような感じで亡くなっていました……」

年齢を経ても、その美しくシュッとした好馬体は緑の放牧地によく映える。多くの人に愛された記憶に残る名馬だった。

写真／山中博喜

もうちょっと長く余生を送らせたかったという坂本さん。悔いはやはり残っているという。

「ちゃんと引退させてあげたかったなというのはありました。病気になって本当に急に亡くなったから。あともっと早く気づいてあげられなかったかなっていうのもありますね。けどジャングルでのこの経験は次にちゃんと活かしていかなければなりません。こういうことがあったというのをしっかりと頭に入れて、次に進んでいかないと」

ジャングルポケットはもうこの世にはいない。しかし、その名は人気お笑いトリオがずっと発信してくれているし、人気アニメ『ウマ娘』の劇場版では主人公としても活躍している。もう引退して20年以上経っているのに、ジャングルポケットの記憶は、いつまでも消えずに残っている。そしてその産駒もまだ現役で走り続けている。

「ジャングルは走り方が美しい馬でね。放牧の時は勢い任せじゃなく綺麗に走っていました。あれは印象に残っています。その走りが仔にもっと遺伝すればいいですが、そこは似なくていいのにというところが出るんです。ジャングルはヘンな癖があって、よくベロを出して触らせようとするんですよ。ベロをいっぱい出す馬で、写真や動画撮影でもなかなか決まらなくて苦労しました。この癖、トーセンジョーダンやオウケンブルースリもやるんですよ。遺伝ですね（笑）」

ジャングルポケットが多くの人に愛され続けている理由が、ほんのちょっとわかったような気がした。

ジャングルポケットが送った余生は？

- **亡くなる前年までブリーダーズ・スタリオン・ステーションで種付けをしていた**
- **性格もよくて誰からも好かれていた**
- **ベロを触らせる変わった癖があった**

うらかわ優駿ビレッジAERUに功労馬として繋養され、多くの人を浦河の地に呼んだウイニングチケット。

浦河にやってきたダービー馬が残してくれたもの

ウイニングチケット

文／岡野信彦

几帳面でこだわりが強い賢い馬だった

1993年の日本ダービーは、騎手の悲願が生み出した名勝負として今も語り継がれている。レースを制したのはウイニングチケット。だが、より強くスポットライトが当たったのは鞍上だった。ダービー勝利に並々ならぬ情熱を燃やしていた柴田政人騎手はレース後、「世界のホースマンに60回のダービーを勝った柴田ですと伝えたい」とコメントした。この言葉は多くのファンの感動を呼び、日本競馬史に残る名言となった。

柴田政人騎手の渾身の檄に応え、ダービー馬となったウイニングチケットは、競走馬としてエリート中のエリートである。生産は静内の藤原牧場にして、牝系は日本競馬の名サイヤーのスターロッチ系。父は当時多くの活躍馬を輩出していたトニービン。そして管理するのは西の名門・伊藤雄二厩舎。超良血にして管理する厩舎も超一流。当然大きな期待がかけられ、ウイニングチケットは見事その期待に応えてみせた。

ウイニングチケットには良血馬にありがちなひ弱さはなかった。決して大柄ではないが、漆黒の馬体は威厳に溢れ、侵し難い特別なオーラをまとっていたような印象もある。そのウイニングチケットが種牡馬を引退後、功労馬として繋養されていたのが、「うらかわ優駿ビレッジAERU」（以下：AERU）である。ウイニングチケットは残念ながら2023年2月に33歳でこの世を去ったが、生前の同馬について、AERUの太田篤志さんに話を聞いた。

「僕が功労馬で一番長く関わったのがウイニングチケットです。僕がAERUに入社する前からチケットはここにいたんですけど、それでも10年ぐらいは一緒にいました。言葉ではうまく言い表せない

プロフィール

生没年月日	1990年3月21日～2023年2月18日
性別	牡馬
毛色	黒鹿毛
父	トニービン
母	パワフルレディ（母父：マルゼンスキー）
現役時調教師	伊藤雄二
現役時馬主	太田美實
戦歴	14戦6勝
主な勝ち鞍	日本ダービー、弥生賞、京都新聞杯
生産牧場	藤原牧場（静内）
最後の繋養先	うらかわ優駿ビレッジAERU（浦河）

亡くなるまでの軌跡

1992年9月にデビュー。2戦目から5戦目の弥生賞まで4連勝し、皐月賞こそ4着に敗れたが、日本ダービーを優勝。柴田政人騎手を悲願のダービー制覇に導く。1995年に競走馬を引退。同年から種牡馬として供用され、2005年まで種付けを続けた。種牡馬を引退した後は功労馬として余生を送り、2023年2月に亡くなった。

1993年の日本ダービーで1番人気に支持され、多くのファンそして、鞍上・柴田政人騎手の期待に応えて優勝した。

写真／宮原政典

ですが、自分にとって本当に特別な馬で、オーラなのかわかりませんが、他の馬にはないものがあって、それをいつも感じながら世話をしていました」

当時のAERUには、ニッポーティオー、ダイユウサク、ヒシマサルといった名馬が繋養されていたそうだ。

「僕が来たころ、チケットはヒシマサルといつも一緒にいました。ニッポーティオーにもたまにちょっかいを出しにいって、やめてよみたいにされていました。それこそ当時のチケットは一番年下で、子どもっぽくてやんちゃしたりイタズラしたり、わんぱくでしたね」

太田さんにとって特別な馬というウイニングチケットだが、同じく特別な想いを寄せるファンも多かったという。

「ここに泊まって、放牧地に椅子を持ってきて1日中眺めているファンもいました。昔はニンジンをあげたりもできたんですが、『ウマ娘』になったころからお客さんがたくさん来てくれるようになって。ただもう30歳を超えていて、体調を崩したらいけないとニンジンを禁止にしました。そうしたらそれまでお客さんに寄っていったのに、もらえないとわかったら近づいていかなくなって（笑）」

なんとも現金で賢い馬の印象だが、太田さん曰く、ウイニングチケットは几帳面でこだわりが強い馬だったそうだ。

「他の馬も生活のリズムは1日の流れで決まっていますが、チケットに関しては、

若々しく美しい馬体が緑に映える。この姿を1日中眺めていたファンもいたという。それだけ特別な馬だった。

そこがめちゃくちゃプロフェッショナルで、ルーティンをものすごく大事にしていた気がします。この時間はこれをするっていう決まり事があって、それがずれるとイラっとしたり、鳴いたり、動きが大きくなったり。放牧も、たとえば7時に放牧だったら、僕らが作業とか電話で5分遅れたらもうイライラして、放牧に出したらバーンと走っていったりして(笑)。体内時計みたいなのがしっかりしてたんじゃないですかね」

チケットの教えを次に活かしていく

ウイニングチケットは33歳で亡くなった。人間でいえば優に100歳を越える。大往生といってもいいだろう。

「2023年の2月に亡くなりました。前年の秋ぐらいから、ちょっとおじいちゃんっぽくなってきたかなという感じはあったんです。32歳の夏ぐらいまでは、放牧に出して曳き手を外したら1回走り回るくらい元気だったんですけど、その秋から走るのも、駈歩、速歩、常歩という風にだんだん変わってきました。それでも身体は元気で、飼い葉ももりもり食べていたんですけど……」

年が明けて2023年。太田さんは冬を乗り越えてくれるかなと期待し、SNSでも元気な姿を発信していたが、

「年が明けてから、熱発したりとか体調の浮き沈みはちょこちょこありました。それでも大きな変動もなく過ごしていたんですが、亡くなった日ですね。朝厩舎に行ったら、腹痛の症状が出ていまして。動き回っていたり、ちょっと発汗したりしていたので、これはと思って獣医さんを呼びました。もう年も年でここで処置していてもラチがあかないから、三石の大きな病院に連れていくことになって。馬運車にも無事乗ってくれましたが、行った先でそのまま亡くなって……」

急な死ではあったが、太田さんは後悔の念を滲ませながら、それもチケットらしい最期だったのかなと話す。

ウイニングチケットの馬房(右)と、管理室入り口に並ぶ思い出の写真やグッズの数々。多くの人に愛されていたことがわかる。

「そんなに長く苦しむこともなかったから、それはそれでよかったのかなと思いつつ、そうならないようにできることはあったかもしれないという悔いもあって……。ただファンの人たちが元気だとずっと思ってたところで、いきなり亡くなってしまって。それでも老いて亡くなったんじゃなくて、朝そういう風になっても、お客さんにその姿を見せることなくかっこいいまま逝ったのは、すごく彼らしい最期だったのかなと思います。でも疝痛とかって急に来るんで、心の準備はできないですよね……」

それこそ太田さんは仕事柄、多くの馬の死に向き合ってきた。馬の死に対して、ある意味ドライでないとこの仕事は務まらない。それでも太田さんにとって、特別な存在だったウイニングチケットがいなくなった時の喪失感は、とてつもなく大きかったという。しかし、太田さんには、ウイニングチケットが遺してくれた財産を次の世代につなげていくという大きな使命がある。

「チケットとは一番関わりが長かったし、一番いろいろ教えてもらえた馬なんです。本当に先生みたいで。彼から学んだことは、次に来る仔たちに還元していく。それが彼のためになるというか、いてくれたことへの恩返しですね」

ウイニングチケットが亡くなって3カ月後、お別れ会を開くと、急な告知にもかかわらず、国内外から200人を超える参加者が集まったという。ウイニングチケットは、現役中も引退後も関わる多くの人に感動を与え続けた特別なサラブレッドだった。

ウイニングチケットが送った余生は？

- 2005年まで種牡馬。同年秋からうらかわ優駿ビレッジAERUで功労馬に
- AERUに来たころはやんちゃでわんぱく
- 1日のスケジュールをきっちり守る几帳面な一面があった

タイキシャトル

安らかに旅立った史上最速にして最強マイラー

文／佐々木祥恵

歴史に残る名マイラー・タイキシャトル。2021年にメイショウドトウと共にノーザンレイクにやってきた。

写真／朝内大助

偉大な名馬の愛称は "シャトじいじ"

さよならは突然訪れた。2022年8月17日、マイル王タイキシャトルは天国へと旅立った。高齢のせいか季節の変わり目や気温の変化で体調を崩すことがあったものの、前日はいつもと変わらぬ旺盛な食欲で、翌日命が尽きるようには見えなかった。それだけに馬房に横たわる動かぬシャトルを前にショックは大きかった。

タイキシャトルは2021年6月16日に、メイショウドトウと共に認定NPO法人引退馬協会からの預託馬として、私が働く北海道新冠町の引退馬牧場ノーザンレイクにやってきた。ノーザンレイク代表の川越靖幸は元JRAの厩務員で、タイキシャトルを管理していた藤沢和雄厩舎に長く勤めていた。自分の担当馬の隣の馬房がタイキシャトルだったこともあり、日ごろから間近で見る機会が多かった。川越によると、シャトルはとにかく元気でよく立ち上がっていたという。シャトルを担当していた厩務員はケガの影響で足が少し不自由だったが、

「それでもヤンチャなシャトルとうまく折り合いをつけて世話をしていたから、馬と人の相性が良かったのだろう」

と、川越は当時を振り返る。強さだけではなく普段の様子までが川越にとって記憶に残る1頭だった。引退馬の牧場を始めた翌年、その記憶に残る馬が自分の元に預託されて再び身近な存在になるとは、川越自身想像もしていなかった。

シャトルは種牡馬を引退した後、メイショウドトウと同時に引退馬協会のフォスターホースとなった。月額1口3000円で彼らを支える会員の数は満口を超える人気で、預託を引き受けたこちらのプレッシャーは相当なものだった。

ノーザンレイクに移動当日。馬運車を

国内外のＧＩを5勝。短距離〜マイルで無敵の強さを誇ったタイキシャトルは、日本競馬史に残る名馬の1頭。

写真／宮原政典

プロフィール

生没年月日	1994年3月23日〜2022年8月17日
性別	牡馬
毛色	栗毛
父	デヴィルズバッグ
母	ウェルシュマフィン（母父：カーリアン）
現役時調教師	藤沢和雄
現役時馬主	大樹ファーム
戦歴	13戦11勝（海外1戦1勝）
主な勝ち鞍	マイルCS（2回）、スプリンターズS、安田記念、ジャック・ル・マロワ賞
生産牧場	Taiki Farm（米国）
最後の繋養先	ノーザンレイク（新冠）

亡くなるまでの軌跡

1997年4月にデビュー。3歳秋以降は芝の短距離〜マイル戦を使われ、重賞(ＧＩ含む)7連勝を達成。短距離界では無敵の強さを誇り、フランスのジャック・ル・マロワ賞も1番人気に応えて勝利した。1998年に競走馬を引退、種牡馬となる。2017年に種牡馬を引退した後は引退馬協会のフォスターホースとして余生を送り、2022年8月に亡くなった。

下りてすぐ2頭を隣同士の放牧地に放してみた。互いの姿を確認できることもあり、両馬とも落ち着いて草を食んでいた。その様子を見てひとまずホッとしたのを今でもよく覚えている。

やがて放牧時間が終わり、川越がシャトルを曳いて放牧地を出た。先にドトウが放牧地を後にしたこともあり、気が急いていたシャトルは速歩で厩舎に向かった。そのシャトルを馬房に入れた川越が「さすがGI馬だな」と呟いた。川越は藤沢厩舎時代、古馬三冠に輝いたゼンノロブロイやマイルCS優勝のゼンノエルシドといったGI馬をはじめ、数々の重賞勝ち馬を担当してきた。その川越が、曳き手を通して伝わってきたシャトルのフットワークや躍動感を尋常ではないと感じた。しかも27歳と高齢なのにそう感じさせるあたりが、タイキシャトルの持つポテンシャルの高さを物語っている。

シャトルとドトウの入厩が引退馬協会から発表され、ノーザンレイクのツイッター(現X)に2頭の様子を投稿して以来、1000人もいなかったフォロワーが、あっという間に1万人を超えた。改めて人気のある名馬を預かったのだなと気が引き締まった。

シャトルは最初のうち馬房の中では割とおとなしく、私でも水桶に水を足したり、ボロを拾うことが簡単にできていた。だがその間、じっくり人を観察していたのだろう。私を取るに足らない人間だと

とても賢くイタズラ好きで親しみやすい性格だったというタイキシャトル。おじいちゃんになっても茶目っ気たっぷり。

写真／朝内大助

見切ったらしく、馬房に入るとすぐに近寄ってきて噛もうとするようなった。耳を後ろに倒していないので怒ってはいない。甘く見られていたのだと思う。放牧前に無口を噛んで引っ張り、無口をかけるのを阻止しようとするので、毎朝シャトルと格闘になった。それはシャトルが亡くなる前日まで続いた。シャトルは賢く人をよく見ているので、川越にはそこまでのイタズラはしないのだが、馬体の手入れの時にしれっと前脚を斜め前や横に伸ばして、人の足を踏もうとするのが常だった。聞けば競走馬時代から、担当厩務員の脚を踏んでいたという。手入れの時間になるとシャトルのいる隣の馬房から「(足を)踏んでる、踏んでる」という担当厩務員の声がしょっちゅう聞こえてきたそうだ。そしてシャトルは20数年前と同じように、世話をする人の足を踏むというイタズラを相変わらずしていた。

引退馬協会のカレンダー撮影時、カメラマンが撮影しやすい位置に馬を誘導するため、私がニンジンを持って放牧地に入ったことがあったのだが、おやつに目がないシャトルは、目の色を変えて私を追いかけてきた。それだけではなく、私の周りをトリッキーな仕草で動き回る。シャトルの脚や身体が当たらないよう必死に逃げ続け、なんとか牧柵をくぐり、放牧地の外に出ることができた。あの時は恐怖しかなかったが、今思えばイタズラ好きのシャトルは、半分遊んでいたような気がする。

またノーザンレイクのSNS上での呼び名「シャトじいじ」が、想像以上に多くの人に受け入れられたのは驚きだった。当初は偉大な名馬なので「シャトル様」にしたのだが、人によって対応を変えたり、足を踏むなどイタズラをするシャトルには、様をつけるより「じいじ」の方が合っていると思い、その呼び名にした。シャトル亡き後のスプリンターズSの日の競馬中継で、アナウンサーが「シャトじいじ」と口にしていて、その呼び名がそこまで浸透していたことにも驚いた。

こうして綴っていると、およそ1年2カ月の短い付き合いなのに、思い出は数え切れないほどあることに気づく。ニンジン、リンゴ、黒砂糖と定番のおやつ以外に、バナナが大好きだったシャトル。糖分の摂り過ぎは良くないので楽しむ程度

亡くなったタイキシャトルの元には多くの花が届いた。歴史的名馬にして多くのファンに愛されたすばらしい馬だった。

の量を与えていたのだが、たまに出すバナナを口に入れてモグモグしている時の幸せそうな表情は本当に愛らしかった。

シャトルはドトウに比べると、気候や気温の変化で体調を崩しやすかった。2022年の初夏も、気温の変化に体がついていけず熱を出した。獣医に治療してもらい回復したが、心配はついて回った。この年、フランスのGIレースのジャックルマロワ賞に日本馬が出走するということで、かつての覇者タイキシャトルにも注目が集まっていた。それとは別に新聞やテレビの取材も数件予定されていたため、私たちはシャトルの体調維持に神経を使った。ただ前年とは違って、身体がふっくらとして冬毛も綺麗に抜けて毛ヅヤも良く、日の光に当たると栗毛が輝いていた。

シャトルは取材をすべてこなし、8月14日には話題となったジャック・ル・マロワ賞が行われた。この夏のシャトル関連の行事が無事終了し、私たちはホッとしていた。16日夜もシャトルの様子はとくに変わりはなかった。夜飼い後にふと思い立ち、健康を考えて控えめにしていた黒砂糖を一粒、シャトルに差し出すと、味わうように食べていた。午後10時過ぎに「また明日ね」と声をかけて厩舎を後にした。

翌17日の早朝、川越がシャトルの亡骸を発見した。私は横たわるシャトルに抱きついて泣いた。もっと仲良くなりたかったのに、なぜ？という思いが強かった。その時「シャトルはIさんに会いにいったんだな」と川越が言った。Iさんというのはシャトルの担当厩務員のことで、すでに病で他界していた。そのIさんとシャトルが天国で再会して寄り添っている姿が脳裏に浮かび、少し救われた。

シャトルは獣医の検死を受けて老衰による心不全と診断され、その日のうちに茶毘に付された。タイキシャトル死去のニュースが報じられると、供花が続々届き、シャトルの馬房から溢れ出そうなほどになった。たくさんの花に囲まれた遺影を眺めながら、シャトじいじがいかに愛され、いかに偉大だったかを改めて感じた。と同時に、そんなすばらしい馬と短い間でも関われたことに感謝したのだった。

（文中敬称略）

タイキシャトルが送った余生は？

- 種牡馬引退後、最後は引退馬牧場ノーザンレイクで余生を送っていた
- 賢くよく人を見ている馬
- おやつが好きでとくにバナナが大好物

荒々しかったナイスネイチャは、生まれ故郷の渡辺牧場に戻って、とてもおとなしくなった。

写真／朝内大助

ナイスネイチャ

引退馬支援の象徴にして多くのファンに追悼された人気者

文／大薮喬介

人気漫画家とネイチャの深い縁

「最初に会った時の印象や、いつ会ったかっていうのを正確に思い出せないんですよね。あの時は隔週と週刊の連載を2本、それに合間を縫って取材にも行っていたから、もう毎日が目まぐるしくて記憶が曖昧で……。いろんな馬とごちゃ混ぜになってます」

と語るのは、1990年代に大ヒットした競馬漫画『優駿たちの蹄跡』や『優駿の門』の作者、やまさき拓味さん。とくに『優駿たちの蹄跡』は、丹念な取材を基に名馬と人との絆を描いていて、意外なことに、実在の競走馬を題材にした漫画は今も昔もこの作品だけである。内容は基本的に1頭1話完結。取材で得たもっとも面白いネタを描くので、一度登場した馬を再び取り上げることはあまりない。だが、例外もあった。それがナイスネイチャだ。さまざまな媒体で連載された『優駿たちの蹄跡』シリーズの中で、前・後編で掲載された分を除けば、最多タイの三度も登場している（もう1頭はトウショウボーイ）。ゆえにナイスネイチャは、やまさきさんにとって、とても思い入れの深い馬なのだ。

「有馬記念3年連続3着が印象的ですけど、3連複や3連単もない時代でしたから、もともとものすごく気になっていた馬ではなかったんです（笑）。ただ担当編集者と次はどの馬にしようかと話し合っているうちに、どちらともなくナイスネイチャの名前が挙がって。それで所属の松永善晴厩舎に行き、担当の馬場秀輝厩務員に取材をしたのが始まりでした」

やまさきさんが取材した時にはすでに引退していたナイスネイチャ。同馬は1990年に京都でデビューした。翌年春のクラシックには出られなかったが、夏から素質が開花。小倉記念、京都新聞

1994年の毎日王冠出走で東上した際の雄姿。この年の秋から長き低迷に入るが、個性派ホースとしてずっと人気を博した。

写真／宮原政典

プロフィール

生没年月日	1988年4月16日～2023年5月30日
性別	牡馬
毛色	鹿毛
父	ナイスダンサー
母	ウラカワミユキ（母父：ハビトニー）
現役時調教師	松永善晴
現役時馬主	豊嶌正雄→豊嶌泰三
戦歴	41戦7勝
主な勝ち鞍	高松宮杯、鳴尾記念、京都新聞杯、小倉記念
生産牧場	渡辺牧場（浦河）
最後の繋養先	渡辺牧場（浦河）

亡くなるまでの軌跡

1990年12月にデビュー。3歳夏に頭角を現し、「西の秘密兵器」として菊花賞に臨むも4着。その後は芝中距離の重賞戦線で活躍し、GⅠのブロンズコレクターとして多くのファンに愛された。1996年に引退。翌年から2001年まで種牡馬として供用される。その後は故郷に戻り、2023年5月に亡くなるまで特定非営利活動法人引退馬協会のフォスターホースとして余生を送った。

杯を含む4連勝で、菊花賞は夏最大の上がり馬として注目された。結果は4着も、次走の鳴尾記念では1番人気に応えて優勝。さらに有馬記念も3着に食い込んだ。いずれはGⅠに届く馬だと誰もが思ったのだが、ここからが苦難の道だった。有馬記念3年連続3着を含め、とにかく2、3着ばかり。ようやく勝ち星を挙げたのは1994年の高松宮杯（GⅡ・芝2000m）で、2年7カ月ぶりの勝利だった。勝ち切れない馬だったが、その一生懸命に走る姿に心を打たれた競馬ファンは多かった。高松宮杯勝利時にはGⅠ並みの声援が送られたほどである。

「最初はたぶん繋養先、生まれ故郷でもある渡辺牧場で会ったんだと思います。まだ種牡馬をしていたころだったかな。そこで知り合ったのが牧場主の奥さんの渡辺はるみさん。競走馬の行く末をすごく考えている方でした。やっぱり、そういう人がいると自然と足がそっちに向かうんですよ。北海道に行った時には、取材と関係なしにネイチャに会いにいくようになっていました。作品中で当初は気の荒い馬だと描いていますが、種牡馬を引退した後に会った時は、とてもおとなしくなっていましたね。種牡馬上がりの馬は危ないから普段はしないんですが、渡辺さんが大丈夫というから、放牧地の中に入って触ることもできたりして。全然怖くなくて、むしろニンジンをくれると思ってか、寄ってくるんです。隣の放

やまさきさんは北海道に行くと必ずナイスネイチャに会いにいった。その際、放牧地に入ると、ニンジンをくれると思って寄ってきたそうだ。

写真／朝内大助

牧地には母親のウラカワミユキもいてね。そうした交流を続けていくうちに、いつの間にかネイチャは、気になるどころか、それ以上の存在になっていましたね」

灯を絶やさないために今後できることは何か

渡辺牧場で生まれたナイスネイチャの半弟グラールストーンの取材で、「イグレット軽種馬フォスターペアレントの会」（認定NPO法人・引退馬協会の前身）の沼田恭子さんとも、やまさきさんは知り合うことになる。

「沼田さんとグラールストーンの話も『優駿たちの蹄跡』で描きました。引退馬協会は元競走馬の余生を支援している団体で、グラールストーンがフォスターペアレント制度（共同里親制度）の第1号なんですよ。ナイスネイチャも、母のウラカワミユキも後にフォスターホースになりました」

ナイスネイチャとの縁で、やまさきさんは引退馬協会の理事を務めている。同協会のロゴマーク「グラちゃん」はグラールストーンの馬名が由来であり、やまさきさんがデザインしたものだ。

ナイスネイチャは引退馬協会の2代目広報部長（初代はグラールストーン）として、2017年からバースデードネーション（バースデープレゼントの代わりに寄付金を送る制度）を行った。最初は目標額を達成できなかったが、ナイスネイチャも実装化されて登場する『ウマ娘』がヒットすると、風向きが大きく変わった。寄付をする人が大幅に増加し、2021年には3582万円、2023年には7402万円、翌年には5410万円もの寄付が寄せられたのだ。

「みんな驚いていましたよ。まさかあれだけ集まるなんて、誰も想像していなかった。ただ、この現象はずっとは続かない。だから寄付を募る以外で、引退馬たちを支援できるような仕組みを考えていく必要があると思います」

2023年の5月30日にナイスネイ

生まれ故郷の牧場からかなり離れた山の上にあるナイスネイチャのお墓。多くのファンに愛された馬にして、死してなお引退馬支援の象徴的な存在である。

チャは惜しまれつつ死去した。ネイチャが生きた35歳と44日は、重賞馬の長寿記録としては歴代4位。ファンが期待した3位ではなく、微妙に外しているところがいかにもナイスネイチャらしい。

「亡くなる前日にあまり良くないという連絡があって、その後も逐一報告をいただいていました。もう年齢が年齢でしたし、その前にも何度か危ない時もあったので、覚悟はできていましたよね」

やまさきさんはナイスネイチャが亡くなった1カ月後、お墓参りに行った。

「渡辺牧場からけっこう離れた山の上にお墓があるんですよ。父のナイスダンサー、母のウラカワミユキ、一緒に余生を過ごしたセントミサイル、渡辺牧場にいた馬たちはそこに土葬されています。お墓が並んでいる、その光景を見た時にね、ある漫画の構想が閃いたんです」

それが2024年の6月に引退馬協会が刊行した「もう一度私たちと夢を見てくれませんか。」だ。その収益はすべて引退馬支援のために使われる。

ナイスネイチャの死から1年後に開催されたメモリアルドネーションでは、前年を上回る7488万円もの寄付金が集まった。すでにこの世にいなくても、ナイスネイチャは引退馬支援の象徴的存在のままだ。メモリアルドネーションは今後も続けていく予定だが、これまでのように多くの寄付金がずっと得られるかはわからない。だからこそ、

「今のうちに次の手を打たないといけない。ナイスネイチャが点けた灯を絶やしてはいけないのだ」

と、やまさきさんは強く静かな口調でそう語ってくれた。どうか1頭でも多くの馬が、ナイスネイチャのように安心して余生を過ごせますように——。

ナイスネイチャが送った余生は？

- **種牡馬引退後は生まれた渡辺牧場で繋養されていた**
- **現役のころとは真逆でとてもおとなしい**
- **死してなお引退馬を救う伝説のヒーローに!**

新たな可能性に向かって！

放牧地を駆け回り、食欲も旺盛ですくすくと育つ福ちゃん。動画の反響も大きく、たくさんの応援の声が関係者に届いた。その中に今後の新たな可能性を示す驚きの情報があった。

文／治郎丸敬之　構成／緒方きしん

片目のサラブレッド、福ちゃん。その生きる道を模索する上で、彼女の知名度を上げてみようと考えた僕はYouTubeで動画投稿をしてみることにしました。チャンネル名は「片目のサラブレッド福ちゃんのPERFECT DAYS」。福ちゃんは病気を抱えて生まれてきましたが、母のダートムーアや牧場の人たちにかわいがられて幸せな毎日を過ごしています、というメッセージを届けたいと思いました。

さらに福ちゃんのことをXにも投稿すると大きな反響をいただきました。バズるというのはこういうことなのかと思うほど、たくさんのコメントやリポストが届き、その中に吉報がありました。それは、一部の地方競馬場では片目が見えなくともデビューが可能という情報です。もちろん、能力試験の突破は簡単ではありません。福ちゃんは無事にそこまで育ってくれるのか、人を乗せてまっすぐに走れるのか、育成に入っても大丈夫か、他の馬たちに混じってレースができるのか。すべてが普通の馬のように順調に運ぶかどうかわかりません。ただ、競走馬になる道が開けたのは事実です。仮に福ちゃんがデビューできて、活躍できたなら、たとえ片目の馬が生まれても、自分たちで走らせようとする生産者も増えるかもしれません。セリで片目が見えない馬でも買う馬主さんが現れるかもしれません。片目が見えないという理由で処分されてしまう馬も減るのではないでしょうか。

今のところ、福ちゃんは他の普通の馬たちと同じように、母乳を飲み（現在は両側から飲めるようになりました）、放牧地を駆け回り、草を食み、友だちと遊んだりしています。僕たちの心配をよそに、障害や病気などどこ吹く風といった様子で、彼女はみるみる成長してくれています。この先も、みなさまと共に、福ちゃんの健康と幸せを願い、見守っていきたいと思います。（完）

周囲に見守られながら競走馬への道を歩み始めた福ちゃん。無事にデビューを迎え、人々に勇気を与える走りをしてくれることを願うばかりだ。

YouTube『片目のサラブレッド福ちゃんのPERFECT DAYS』で、福ちゃんの現在の様子を随時発信中!!

〈取材協力〉（※順不同）

社台スタリオンステーション
アロースタッド
ビッグレッドファーム
サラブレットブリーダーズクラブ
Yogiboヴェルサイユリゾートファーム
スプリングファーム
ノーザンホースパーク
岡田スタッド
にいかっぷホロシリ乗馬クラブ
うまんまパーク
西町ホースパーク
ジオファーム八幡平
TCC Japan
珠洲ホースパーク
明和牧場
うらかわ優駿ビレッジAERU
ノーザンレイク
マーサファーム
鹿頭ステーブル
碧雲牧場
認定NPO法人 引退馬協会
umanowa
競走馬のふるさと案内所
JRA日本中央競馬会

〈Special Thanks〉（※順不同、敬称略）

和田竜二
角居勝彦
国枝栄
今浪隆利
池田康宏
やまさき拓味

〈牧場見学の注意点やマナー〉

1.見学できるかどうかを「競走馬のふるさと案内所」に問い合わせる

ここが競走馬見学の第一歩です。牧場には見学可能なところとそうでないところがあるので、事前に必ず問い合わせをしておきましょう。また牧場には生産牧場や育成牧場などさまざまな種類があり、見学できる時期や時間も異なりますので、こちらも事前に問い合わせておきましょう。牧場に直接電話をしたり、無断で訪問するのは絶対に避けてください。

2.牧場では牧場関係者の指示に従う

牧場によって見学可能な区域、馬、ルートなど条件やルールが異なります。牧場では牧場の方に声をかけ、指示に従って見学しましょう。終了したら挨拶も忘れずに！

3.厩舎や放牧地に無断で入らない

牧場は私有地です。勝手に厩舎や放牧地に立ち入ることは不法侵入になるので絶対にしてはいけません。

4.馬は臆病で敏感な生き物ということを理解して行動する

馬はとても敏感で臆病な生き物です。触ろうとしたり、大声や急な動作、携帯の着信音、カメラのフラッシュ、自撮り棒などで突然馬が暴れたりすることもあるので注意しましょう。見学はキープディスタンス。柵から離れて馬を見るようにしましょう。

5.牧場内は禁煙！　ごみを捨てるのもご法度!!

牧場内には干し草など燃えやすいものがたくさんあるので火気厳禁です。ゴミのポイ捨ても厳禁。馬が間違って食べてしまい死に至るケースもあるのです。ゴミは持ち帰りが鉄則です。

6.馬に食べ物を与えない

牧場では衛生面や健康面、発育などに気を遣いながら競走馬の育成をしており、勝手にエサをあげる行為はNG。それまでの牧場の苦労が水の泡になってしまいます。

以上は最低限覚えておきたいルールやマナーです。またこれは前提としていえることですが、見学するのであれば、事前に馬の性質や特徴をよく勉強しておきましょう。競走馬や種牡馬、繁殖牝馬、功労馬は、牧場や馬主さんにとって大切で高額な資産でもあります。ひとつの不注意が重大な事故と責任につながることを頭に入れて行動してください。見学者はお客様ではなく、あくまでもお邪魔させていただいている立場なのです。

参考資料：競走馬のふるさと案内所「訪れる前に知っておきたい牧場見学の9箇条」
北海道日高振興局「牧場見学のルール＆マナー　競馬ファン・観光客の皆様にお願い」

おわりに

かつてターフを沸かせた競走馬28頭の第2、第3(馬によっては第4)の馬生を追った本書。競馬ブーム再来ともいわれ、過去の著名な競走馬にスポットが当たっている昨今、競走馬の余生が注目され、支援するファンも多い。そうした中、こうしてわずか28頭とはいえ、現状を伝えられたのはよかったと思っている。

第1章で紹介したのは、現役時代に優秀な成績を挙げたり、血統が評価されて繁殖に上がった馬たち。競走馬生活が終わっても、第2の馬生でまた競争が始まるから大変だ。それでも現役時代の張り詰めた感が薄まり、穏やかになる馬が多いのは印象的だった。第2章は繁殖以外の働き口を見つけた馬たち。乗馬になった馬が多いが、伝統行事や農業で活躍する馬を見て、人と馬には共生の歴史があったことを再認識させられた。第3章は功労馬たちにスポットを当てた。その多くが超高齢馬だが、少しでも長生きしてくれたらと願わずにはいられない。第4章は繋養先で最期を看取られた馬たち。その死はとても悲しいけれど、馬から学んだことを次に活かそうとする関係者の気概に感動した。

今回取材した関係者の多くに共通しているのは、馬との信頼関

係とちょうどいい距離感が構築されていたことだ。ＳＮＳ社会において、一般の人たちの「監視」の目は年々厳しくなっている。ただそれが行き過ぎ、あるいは個人の価値観の強要から、偽情報が拡散されたり、誹謗中傷にさらされることも多い。しかしＳＮＳにはデメリットも多いが、「功罪」の「功」という意味では、引退した著名馬の様子をリアルタイムで確認できるようになったのは、ファンとしてはうれしいメリットだ。ただ大変なのは繋養している側で、いつどこに人の目があるかわからない。だからこそ、大切に世話をしなくてはならないし、そうできないところには誰も馬を預けられなくなっている。引退馬の受け入れ先はひとつでも多い方がいいが、飼養のための経済的な負担は大きく、どこでもいいからとむやみに増やすわけにもいかないのが悩ましい。だが、人と馬との信頼関係の上に構築された、お互いの近過ぎず遠からずの距離感は、競走生活を終えた馬と人が長い時間共生していくのにとても大切なことだと知った。そうした関係が育まれる環境が増えてほしいと願ってやまない。

最後に本書の出版に当たり、取材に貴重なお時間を割いていただいた関係者のみなさまに、心から御礼申し上げます。

マイクロマガジン引退馬取材班一同

■マイクロマガジン引退馬取材班

本書製作プロジェクトのために緊急招集された引退競走馬の取材チーム。さまざまな競馬メディア媒体に寄稿しているライターを中心とした競馬に精通しているエキスパートが、引退した著名な競走馬の現在・生前をよく知る関係者を直撃。新たな環境で新たな役割を持って生きる様子やその素顔、最後まで生き抜いた姿などを追った。

■引退馬取材班メンバーと取材・執筆担当馬（※敬称略、並びは五十音順）

大薮喬介（競馬ライター）
コパノリチャード、ウインクリューガー、ノーリーズン、
ナイスネイチャ

岡野信彦（マイクロマガジン社編集）
ナカヤマフェスタ、ハルウララ、ジャングルポケット、
ウイニングチケット

緒方きしん（競馬ライター、競馬コラムサイト『ウマフリ』代表）
イクイノックス、キタサンブラック、パンサラッサ、
ゴールドシップ、ブラックタイド、ウインバリアシオン、
ベルーフ、コラム「福ちゃん通信」

佐々木祥恵（競馬ライター）
メイショウドトウ、タイキシャトル

治郎丸敬之（『ROUNDERS』編集長）
コラム「福ちゃん通信」

秀間翔哉（競馬ライター）
エアスピネル

福嶌弘（競馬ライター・編集者）
オルフェーヴル、デアリングタクト、ユーバーレーベン、
グラスワンダー、コスモバルク、マイネルキッツ

不破由妃子（競馬ライター）
オジュウチョウサン、マイネルホウオウ、
アドマイヤジャパン

和田章郎（ノンフィクション作家）
アーモンドアイ

もうひとつの引退馬伝説
～関係者が語るあの馬たちのその後

2024年9月21日第1版　第1刷発行

編著　マイクロマガジン引退馬取材班
発行人　子安喜美子
発行所　株式会社マイクロマガジン社
〒104-0041　東京都中央区新富 1-3-7 ヨドコウビル
TEL03-3206-1641　FAX03-3551-1208（営業部）
TEL03-3551-9564　FAX03-3551-9565（編集部）
https://micromagazine.co.jp
印刷製本　株式会社光邦
カバー写真　宮原政典／福田淳司／大薮喬介
本文写真　宮原政典／福田淳司／山中博喜／朝内大助／桂伸也／秀間翔哉／大薮喬介／ JRA フォトサービス
編集　岡野信彦
編集協力　緒方きしん／福嶌弘
カバー・本文デザイン　板東典子（レトロエレクトロ）
校正　芳賀惠子

2024 Printed in Japan　ISBN978-4-86716-626-0　C0075